Joseph Gordon

Kanalisation der Stadt Heilbronn

Joseph Gordon

Kanalisation der Stadt Heilbronn

ISBN/EAN: 9783743665033

Hergestellt in Europa, USA, Kanada, Australien, Japan

Cover: Foto ©ninafisch / pixelio.de

Weitere Bücher finden Sie auf **www.hansebooks.com**

Canalisation

der

Stadt Heilbronn.

Bericht

von

Ingenieur Gordon

in

Frankfurt a/M.

Heilbronn.
W. Schell'sche Buchdruckerei.
1876.

Berichtigungen.

Ein Abdruck zur genaueren Correctur des Satzes kam durch ein Mißverständniß erst in die Hände des Verfassers, nachdem der Druck von Bogen 1—3 schon beendet war. Es sind deßhalb folgende Druckfehler stehen geblieben:

1) Seite 3, 6. Zeile von unten statt 10 m. zu lesen 12 m.
2) Seite 3, 5. Zeile von unten statt 4⅓ m. zu lesen 7⅓ m.
3) Seite 4, Randbemerkung „Vorstädte (rechtes Ufer) ist um 3 Zeilen weiter nach unten zu setzen.
4) Seite 5, Zeile 7 von unten „welcher" statt „welches."
5) Seite 6, statt „Vorhergesehene Stadterweiterung" zu lesen „Vorgesehene Stadterweiterung."
6) Seite 6, Zeile 13 von unten statt „vorgeschriebenen" zu lesen „vorgesehenen."
7) Seite 7, Zeile 19 von oben statt „gemacht. Da" zu lesen „gemacht, da"
8) Seite 8, Zeile 14 von oben statt „über die einzelnen Dohlen" zu lesen „über die Besichtigung der einzelnen Dohlen."
9) Seite 9, Zeile 12 von unten statt „378 mm." zu lesen „387 mm."
10) Seite 9, Zeile 10 von unten statt „376 mm." zu lesen „385 mm."
11) Seite 10, Zeile 4 von unten statt 1—2000 zu lesen 1: 2000.
12) Seite 13, Zeile 10 von oben statt „auch" „auf."
13) Seite 13, Zeile 16 von unten statt „0,078 m." „0,78 m."
14) Seite 13, Zeile 13 von unten statt „Jakobsstraße" „Sülmerstraße."
15) Seite 17, Zeile 5 von unten statt „unvollständige" „vollständige."
16) Seite 19, Zeile 24 von oben statt „1: 500" „1: 5000."
17) Seite 20, Zeile 12 von unten statt „1: 074" „1: 1074."
18) Seite 20, Zeile 10 von unten statt „sondern wird" „sondern es wird."
19) Seite 20, Zeile 8 von unten statt „Nichts" „nicht."
20) Seite 21, Zeile 22 von oben zu streichen „provisorischem."
21) Seite 24, Zeile 14 von oben statt „1,16 × 0,64" „1,26 × 0,84."
22) Seite 29, Zeile 12 von oben statt „wo er sich" „wo sie sich."
23) Seite 30, Zeile 16 von oben statt „beschrieben, versehen" „beschrieben zu versehen."
24) Seite 36 und 37, erste Zeile von unten resp. oben statt „Transport 20,829 Mr" „Transport 36,936 Mr."
25) Seite 37, Zeile 19 von oben statt „wären" „würden."
26) Seite 38, Zeile 10 von oben statt „1. 82" „1. 80."
27) Seite 39, Zeile 20 von oben statt „wird" „werden."
28) Seite 41, Zeile 6 von unten zu streichen „in."
29) Seite 45, Zeile 14 von unten statt „Abschluß" „Abfluß."
30) Seite 47, Zeile 9, 23 und 24 statt „1872" „1873."

d) wie das neue System successive eingeführt werden könne, und welche Zeit ich hiefür in Aussicht nähme;

e) welche der bestehenden Dohlen und welche neuen Canäle aus sanitären Gründen in erster Linie in Behandlung zu nehmen seien;

f) welche Art der Spülung, Ventilation, der Einsteigeschachte c. für die neuen Canäle, und

g) welche für die bestehenden Dohlen, so lange sie mit dem neuen System noch nicht in Einklang gebracht sind, vorgeschlagen werde;

h) ob und wie etwa die Canalflüssigkeiten bei den Verhältnissen der Stadt Heilbronn weiter zu verwenden seien.

4) dem Berichte und Plane einen, sämmtliche in Vorschlag gebrachten Canalisations=Arbeiten umfassenden, den Verhältnissen der Stadt Heilbronn entsprechenden, generellen Kostenanschlag beizufügen.

Diesem Auftrage entsprechend habe ich die nöthigen Nivellements der Stadt Heilbronn, ihrer unmittelbaren Umgebung, sowie in einer Anzahl von Kellern, soweit mir diese Höhenangaben nicht von den städtischen Beamten geliefert werden konnten, vornehmen lassen. Ebenso sind die bestehenden Dohlen einer sorgfältigen Besichtigung unterworfen, nivellirt und in einen Plan eingezeichnet worden. Ich selbst bin verschiedene Male in Heilbronn gewesen, um mich persönlich mit den Einzelnheiten der bestehenden Anlagen und den Verhältnissen der Stadt und ihrer Umgebung bekannt zu machen. Ich habe bei dieser Gelegenheit mit dem Herrn Oberbürgermeister Wüst sowohl, wie mit den Mitgliedern des Gemeinderathes Berathungen gehalten und im verflossenen Monat Juni die Ehre gehabt, in einer Sitzung der Canalisations=Commission einen Plan der Grundzüge meines Entwässerungsprojectes vorzulegen und mich mit derselben über verschiedene Punkte des Genaueren zu besprechen, so namentlich in Betreff der projectirten neuen Straßenlinien und der Abgrenzung derjenigen Linien, die in dem Anschlage in Betracht zu ziehen sind. Ebenso wurden bei diesem Anlasse einige der projectirten Canallinien und Werke im Vereine mit der Commission in Augenschein genommen. Im Folgenden erlaube ich mir den Bericht über die einzelnen mir vorgelegten Fragen zu unterbreiten.

Bevor ich an die Beantwortung der unter Nr. 3 a begriffenen Frage,

„welche Canalisations=Systeme überhaupt für Heilbronn „in Betracht kommen könnten,

herantreten kann, ist es vor allem nöthig, einen Blick auf die natürliche Lage der Stadt und ihrer gegenwärtigen Entwässerungsmittel zu werfen.

Lage der Stadt.

Das in der Neckarebene gelegene Heilbronn wird von dem Flusse **Altstadt.** in seinem gegenwärtigen Laufe durchströmt; ursprünglich scheint es jedoch nur das rechte Flußufer eingenommen zu haben und von einer Mauer und einem tiefen Graben umgeben gewesen zu sein, der, wie aus noch vorhandenen Beschreibungen hervorgeht, sein Wasser theils aus besonderen Quellen, theils aus dem Neckar bezog. Von den verschiedenen Thürmen, welche die alte Mauer zierten, stehen nur noch zwei, um als Marksteine dem Fremden den Umfang der einstigen enggezogenen Umwallung zu bezeichnen. Der „Bollwerksthurm" an der Ecke der untern Neckar= und der Thurmstraße markirt den nordwestlichen, der historische „Götzenthurm" an der Ecke der Allerheiligen= und der oberen Neckarstraße den südwestlichen Winkel der alten Umgrenzung. Das Fleinerthor im Mittelpunkte der südlichen und das Sülmerthor im Mittelpunkte der nördlichen Mauer bilden heute wie ehedem den Hauptzugang zur Stadt von Süden und von Norden. Der Lauf des „alten Grabens" der angeblich 30 Fuß tief war, zog sich um die ganze Landseite der Stadt und läßt sich noch leicht verfolgen an der Richtung der Rosenberg=, Götzenthurm=, Hohen=, oberen und unteren Allee= und Thurmstraße. Diese Straßen bilden eine Ringstraße, die in ihrem größeren Theile 40 Meter breit, aus der schönen Allee und Promenade bestehend, gleich bequem für die innerhalb der einstigen Umwallung Luft und Licht suchenden Bewohner der engen Gassen der Altstadt, wie für die Einwohner der äußeren und ausgedehnten Vorstadt zu erreichen ist und Heilbronn in Bezug auf öffentliche Spaziergänge auf eine Stufe mit weit größeren Städten setzt.

Die obere und untere Neckarstraße, die zwischen Götzen= und Bollwerksthurm parallel mit dem Flusse laufen, liegen 2½ bis 4½ M. über dem Niederwasser des Neckars, während die um die Altstadt führende Ringstraße, vom Bollwerkthurm an bis zum Sülmerthor, allmählig bis zu einer Höhe von 5 M. aufsteigt, dann die Thurm=, untere und obere Alleestraße entlang ihre regelmäßige Steigung fortsetzt, bis sie in der Hohenstraße eine Höhe von 12½ Meter über dem Neckar erreicht; von diesem Punkte fällt sie in westlicher Richtung 2½ M. bis zum Fleinerthor und steigt wieder in der Götzenthurmstraße an der Ecke der großen Nägelinsgasse 2 M. oder bis zu einer Höhe von etwa 10 Meter über dem Neckar; von diesem Punkte fällt sie dann wieder etwa 4½ M. bis zum Götzenthurm.

Die Hauptverkehrsstraße der Stadt erstreckt sich fast in paralleler Richtung mit dem Flusse und etwa 260 M. von ihm entfernt, vom Fleiner= bis zum Sülmerthore und liegt an ihrem niedrigsten Punkte, an der Ecke der Kirchbrunnenstraße 4 M. über dem Sommer=Niveau des Neckars oder nur etwa einen halben Meter über dem höchsten Staude der Wasserfluth von 1824, welche diesem Punkte bis auf eine Entfernung von 30 M. nahe kam. Die Seitenstraßen erstrecken sich von dieser Hauptlinie abwärts nach dem Neckar und liegen meist unter dem Niveau der Fluth von 1824, welche eine Fläche von 1320 Ar oder ungefähr ⅔ der Altstadt unter Wasser setzte. Die Gesammtfläche der Altstadt innerhalb der alten Umwallung beträgt 3108 Ar.

Im Jahre 1824 überschwemmte Straßen.

Nachfolgende Straßen wurden bei dieser Gelegenheit überschwemmt: Allerheiligengasse (zum Theil), Obere und untere Neckarstraße, Große Fischergasse, Große Metzgergasse, Kleine dto. Deutschhausstraße (zum Theil), Kirchbronnenstraße, Kasernenstraße (zum Theil), Schattengasse („ „), Brückenthorstraße, Mosergasse, Kram= oder Marktstraße (zum Theil), Gerberstraße, Rosengasse, Lohthorstraße (⅗ ihrer Länge), Lammgasse, Taubenhof, Erhardtsgasse, Johannisgasse, Hirsauerhof, Heiligengäßchen, St. Wolfgangsgasse, Rappengasse (zum Theil), Schwibbogengasse (zum großen Theil), Zehentgasse (zum großen Theil), Schäfergasse (zum großen Theile), Thurmstraße (unterer Theil).

Vorstädte (linkes Ufer).

Auch die ganze Vorstadt auf der linken Seite des Flusses, die Hesenweiler= und große Bleichinsel standen vollständig unter Wasser. Ueber die alte Umgrenzung hinaus fällt das Terrain der Stadt nach einem mäßigen Ansteigen gegen die Dammstraße hin nördlich nach dem Pfühlbach ab, den man als die gegenwärtige Grenze in dieser Richtung bezeichnen kann. Im Osten erhebt sich die Vorstadt stetig gegen den Siebennußbaumweg, wird aber von der Mulde des „Mönchs= see" durchschnitten, die sich von der Biegung des Pfühlbachs, östlich vom Friedhofe, in südlicher Richtung bis zum Jägerhausweg ausdehnt. Nordöstlich vom Siebennußbaumweg senkt sich das Terrain wieder nach dem Pfühlbach hin, über den hinaus an den Hängen des Wart- und Galgenberges die fruchtreichen Weinberge aufsteigen.

In südöstlicher Richtung steigen die Erhebungen des Lerchenbergs an mit Abhängen, welche sich im Nord-Osten nach dem Trappensee hin, im Süd-Westen nach dem Cäcilienbrunnen und dem Neckarhalben-Flüßle absenken. Dieser „Bach", der vom Cäcilienbrunnen an durch die Buschenwiesen fließt, den Fleinerweg kreuzt und sich südlich der Zuckerfabrik in den Neckar ergießt, bildet die südliche Grenze der Vorstadt. Von dem Punkte an, wo der Bach den Fleinerweg kreuzt, steigt das Terrain in nördlicher Richtung auf eine Strecke von 200 M. an und senkt sich dann nach dem Fleinerthor ab. Diese Bodenerhebung dehnt sich dann westwärts nach dem Neckar hin aus, zieht sich nördlich der Zuckerfabrik hin, bis sie zwischen Neckarhalde und Götzenthurm das steile rechte Ufer des Flusses erreicht, während sie nordwärts nach dem Rosenberg und südlich nach dem Thale zu rasch abfällt, über das hinaus sich die Höhenzüge längs des Staufenberger-, Fleiner- und Sontheimer-Weges hinziehen, bis Böckingen gegenüber die steile, rechte Uferseite des Neckarthales wieder erreicht ist.

Das flache Wiesenthal des Neckars, welches sich bis Böckingen Linkes Ufer. hinüber erstreckt, ist hier 700 M. breit; der deßen Mitte durchströmende Fluß beschreibt in östlicher Richtung einen Bogen nach der Zuckerfabrik hin, fließt dann fast gerade aus bis zum unteren Ende der Stadt und theilt sich, nordwestlich gewendet, in zwei Arme, durch welche Wehren zur Beschaffung der Wasserkraft für die Mühlen des Hefenweilers, der Krahnenstraße und großen und kleinen Bleichinsel erbaut sind. Unterhalb des Wilhelmscanals und des Winterhafens vereinigen sich die beiden Arme wieder und bilden den Unterneckar, der dann nordwärts fließt mit einer Eindeichung des rechten Ufers, die bis unterhalb Neckargartach sich erstreckt. Unterhalb Böckingen erweitert sich das Flachland, bis es dem Götzenthurm gegenüber seine größte Breite mit 1200 Meter erreicht, während es sich bei Neckargartach wieder auf 300 M. verengt. Dieses Flachland in seiner ganzen Ausdehnung ist Inundationsgebiet und bildet bei Hochwasser den natürlichen Ausweg für die Fluthen des Neckars, aus welchem Grunde man die neue Eisenbahnlinie auf einem Viaducte über die Spitalwiese geführt hat, welches dem Wasser den nöthigen Weg offen hält. Bei den Wasserfluthen von 1817, 1824 und 1845 hat die auf diesem Inundationsgebiete aufgeführte Vorstadt wahrscheinlich im Verhältnisse viel mehr zu leiden gehabt, als die überschwemmten Theile der rechten Uferseite, da sie dem vollen Andrange der Wasserfluthen ausgesetzt war. Diesem Uebelstande kann nur durch ein Zurückdrängen der anstürmenden Fluthen abgeholfen werden. Am

zweckmäßigsten würde hiefür gesorgt durch Aufführen der vorgeschlagenen Deiche südwestlich und in Verbindung mit der beschlossenen Ring-
oder Verbindungsbahn. Sie würden die anstürmende Fluth durch die
Bogen des Eisenbahn=Viaductes zwängen und über den Hammelwasen
dem unteren Neckar zuführen. Würde man in Verbindung mit diesem
Schutzwerke, wie projectirt, die Erhöhung der Frankfurter und sämmt-
licher in Aussicht genommenen Straßen bis zum Niveau des neuen
Bahnhofes ausführen, so würde, zumal mit einem geeigneten Entwäs-
serungs=System versehen, dieses ganze Gebiet gegen die großen Nach-
theile der Ueberschwemmung gesichert sein.

Vorhergesehene Stadterweiterung.

Aus vorstehender Beschreibung ist ersichtlich, daß, wenn es sich
nur um eine Canalisation der Stadt in ihrer gegenwärtigen Ausdehnung handelte, das zu entwässernde Areal sich innerhalb derjenigen
Grenzlinien halten würde, die im Süden von der Wasserscheide des
Neckarhalden=Flüßle, im Norden von der des Pfühlbachs, im Osten
vom Mönchssee und im Westen vom rechten Neckarufer gebildet werden. Der Alignementsplan für die künftige Ausdehnung der Stadt
geht jedoch weit über diese Grenzen hinaus.

Die Stadt in ihrer gegenwärtigen Ausdehnung, einschließlich der
noch nicht vollständig ausgebauten Vorstädte, umfaßt:

Rechtes Ufer . . . . 14090 Ar
Linkes Ufer einschließlich der großen Bleichinsel . 3771 „

17861 Ar

während innerhalb der vorgeschriebenen Vergrößerungen die Flächen
folgende sein würden:

Rechtes Ufer . . . . 39004 Ar
Linkes Ufer . . . . 6618 „

45622 Ar

Da nun die Canäle so vorzusehen sind, daß dieselben nicht nur
der Stadt in ihrer gegenwärtigen Ausdehnung, sondern auch allen Anforderungen des in Aussicht genommenen ausgedehnten Gebietes zu
entsprechen haben, so ist ersichtlich, daß innerhalb des schon bebauten
Terrains die Hauptcanal=Linien umfangreicher angelegt werden müssen
und dadurch Kosten veranlassen werden, die über das Maaß desjenigen
hinausgehen, das hinreichen würde, wenn man von einer zukünftigen
Ausdehnung absehen könnte.

Zweck und Entwicklung einer Canalisation.

Ueberall, wo größere Volksmassen zusammengedrängt wohnen, ist eine der ersten Lebensbedingungen die Beschaffung von Wasser zum Kochen, Trinken, Waschen und anderen häuslichen Zwecken, mag sie nun durch öffentliche oder Privatbrunnen, durch Flußwasser- oder Quellwasserleitung erzielt werden; je ausgiebiger sie aber vorhanden ist, um so fühlbarer macht das Bedürfniß sich geltend, für eine Ableitung des für die verschiedenartigsten Bedürfnisse des öffentlichen und Privatlebens verbrauchten und verunreinigten Wassers zu sorgen. Dieser Zweck läßt sich allein durch ein rationelles Canalsystem erreichen. Und doch gibt es bis auf den heutigen Tag Städte mit großer Einwohnerzahl, welche keinen gehörig canalisirten Untergrund besitzen; die meisten Städte haben nur ein Netz von Rinnen oder Dohlen aufzuweisen, das ohne alles System stückweise, je nach dem Bedürfnisse des Tages angelegt worden ist.

Die Einführung der modernen Wasserwerke, die durch Druck das Wasser aus einem Hoch-Reservoir bis in die höchsten Stockwerke der Häuser befördern, hat die Canalisationsfrage zu einer noch dringenderen gemacht. Da durch die gleichzeitige Einführung der Wasser-closets die Schwierigkeit, die menschlichen Auswurfstoffe für längere Zeit in Gruben aufzubewahren — ein Verfahren, das früher allgemein, und noch jetzt in den meisten Städten des Continents üblich ist — stets größere Dimensionen annehmen mußte.

In England war es früher gesetzlich verboten Wasserclosets in die Canäle einzuführen, oder überhaupt Fäcalstoffe in dieselben zu entleeren, da ihre Anlage einzig die Abführung des Verbrauchswassers aus den Häusern und des Meteorwassers des Districts bezweckte. Englische Verhältnisse.

Diese Vorschriften wurden aber mit der Zunahme der Schwierigkeiten immer häufiger umgangen und Ueberläufe von den Abtrittsgruben wurden mit den Canälen in Verbindung gebracht, ein Zustand der in vielen continentalen Städten angetroffen werden dürfte. Im Jahre 1848 wurde ein Gesetz erlassen, welches unter anderem den Anschluß der Wasser-Closets an die öffentlichen Canäle regelte, und gleichzeitig ein General-Aufsichtsrath (General Board of Health) ernannt, dem die verschiedenen Behörden (Local Boards of Health), welche zur besseren Gesundheitspflege allerorts im Lande ins Leben gerufen waren, unterstellt wurden. Die Folge hiervon war, daß man jetzt, wo die Einführung der Closets in die Canäle gestattet war, der Form und der Construction der Canäle größere Aufmerksamkeit zuwandte, und namentlich der Frage näher trat, ob die viereckigen schlammsammelnden Dohlen, die bis dahin mehr als förderlich Regel gewesen waren, für die

Zukunft vermieden werden sollten. Auf diese Weise erhielt allmählig dasjenige System, das auf dem Continente zur Unterscheidung von anderen das Schwemm-System genannt wird, eine bedeutende Vervollkommnung.

Heilbronner Verhältnisse. Die meisten der vorhandenen Dohlen in Heilbronn sind vor dem angedeuteten Zeitpunkt angelegt worden und weichen mit einer Ausnahme von der damals in England am meisten üblichen Form nicht wesentlich ab. In wieweit sie hinsichtlich ihrer Form umgeändert, oder verbessert, oder hinsichtlich ihrer Tiefe, ihres Gefälles und ihrer allgemeinen Anlage mit den Erfordernissen eines auf die Bedürfnisse der Gegenwart berechneten Systems in Einklang gebracht werden können, oder in wiefern sie einer Umgestaltung im Anschlusse an eines der modernen Entwässerungs-Systeme fähig sind — das sind Fragen, die in dem Berichte über die einzelnen Dohlen ihre Erledigung finden werden.

Welchem Systeme für Heilbronn der Vorzug zu geben ist.

Der verehrliche Gemeinderath hat mir die Frage vorgelegt, welchem System ich für Heilbronn den Vorzug geben würde.

Ich habe beschrieben, wie ein bestimmtes Canalisations-System ins Leben gerufen worden ist; außer diesem gibt es nur noch eines welches sich mit dem allgemeinen Namen „Canalisation" bezeichnen läßt, weil es insofern eine gewisse Aehnlichkeit mit einem Canalsystem hat, als es ein durch die Straßen gelegtes Röhrennetz mit Abzweigungen nach den einzelnen Häusern hin erfordert. Es ist dies das sogenannte Pneumatische System des Capitain Liernur, welches nach seiner eigenen Darstellung vom Monat October d. J. englischen Communalbehörden gegenüber, im Gegensatze zu dem Zustande, in welchem es vor einigen Jahren vor das Publikum gebracht wurde, jetzt vervollkommnet ist. Es soll nämlich von einer Centralstelle aus — ähnlich der Pumpstation eines Schwemmsystems, wo das Canalwasser zu heben wäre — ein Röhrennetz über eine Grundfläche von 250 englischen Acres (320 württembergische Morgen) gelegt werden; mit Zugrundelegung der durchschnittlichen Bevölkerungsdichtigkeit würde Liernur's Auffassung nach dieses Areal einer Stadt von 50,000 Einwohnern entsprechen; die Kosten gibt er annähernd auf L. 100,000 (fl. 1,200,000) an.

Es ist dies eine viel intensivere Dichtigkeit, als für Heilbronn in Betracht kommen kann. In der Altstadt mögen die Verhältnisse einigermaßen entsprechend sein: rechnet man aber Altstadt und Vorstädte zusammen — und das ist bei der Veranlagung irgend eines Systems für Heilbronn unerläßlich — so erhält man ein bebautes und im

Aufbau begriffenes Terrain, das beinahe doppelt so groß als das oben
angegebene ist.

Die schließliche Bevölkerung eines derartigen Flächenraumes
würde aber nach den für Heilbronn maßgebenden Verhältnissen, selbst
wenn die Vorstädte weiter ausgebaut sein werden, eine Bevölkerungs=
anzahl ergeben, die voraussichtlich bei Weitem nicht die von Herrn
Liernur angegebene Zahl betragen würde.

Man darf aber annehmen, daß die Anlagekosten mehr im Ver=
hältnisse zur Grundfläche als zur Bevölkerung stehen würden. Aus
dem Gesagten erhellt demnach, daß die Einführung eines derartigen
Systems für Heilbronn mit großen Kosten verknüpft sein würde; es ist
daher die Frage in Erwägung zu ziehen, ob es irgend welche besonde=
ren Vortheile gewährt, die eine derartige Geldanlage rechtfertigen, und
ob die Anlagekosten für Canäle zur Abführung des Meteorwassers und
des Verbrauchswassers der Wohnhäuser, die durch das pneumatische
System nicht bewirkt werden kann, in irgend einer Weise hierdurch
vermindert werden können.

Erwägt man nun, daß der einzige Zweck des pneumatischen Sy=
stems die Entfernung der Fäcalstoffe ist, daß ferner auch dann, wenn
bei der Anlage einer Canalisation nur das Verbrauchswasser, welches
in allen Städten, die reichlich mit Wasser versehen sind, zu 120 Liter
per Kopf angenommen werden kann, berücksichtigt wird, dieses ein hun=
dertfach größeres Volumen einnimmt als der Urin und die Fäcalien,
so ergibt sich, daß die Entfernung der letzteren durch eine besondere
Vorrichtung — mag es nun das System des Capitain Liernur, das
pneumatische Abfuhrsystem, das Tonnen= oder irgend ein anderes Sy=
stem sein — nur geringen oder gar keinen Einfluß auf die Größe der
zu wählenden Canäle haben kann. Der Durchmesser eines Rohrcanals,
der 120 Liter Wasser per Kopf einer Bevölkerung von 20,000 Einwoh=
nern abführen soll (1/16 dieses Volumens als Maximalabfluß per Stunde
angenommen), müßte bei einem Fall von 1 : 500 und halber Füllung
378 mm. sein. Ziehen wir hiervon den hundertsten Theil für Urin
und Fäcalien, die etwa durch eines der oben genannten Systeme beson=
ders entfernt würden, ab, so würde die Größe 376 mm. betragen; der
Unterschied wäre also nur 2 mm. im Durchmesser. Erwägt man aber,
daß in den meisten neuen Canalisations=Systemen auch Rücksicht auf
die Entfernung des Meteorwassers genommen wird, dann erscheint das
Gesammt=Verbrauchswasser einer Stadt an und für sich nur gering im
Vergleich zu dem Regenfall, der gewöhnlich mit vorgesehen ist. Neh=
men wir den Betrag des Wassers, der von dem augenblicklich im Bau
begriffenen Wasserwerke für Heilbronn geliefert werden soll, als die
Quantität des Verbrauchswassers an, das durch die Canäle fortgeschafft
werden soll, oder genauer die Hälfte dieses Volumens in einem Zeit=

raum von 8 Stunden, und setzen wir einen Regenfall voraus von 1 mm.
nur über dem Areal der Altstadt und dem Terrain bis zur Eisenbahn,
so werden wir finden, daß das Volumen des in Betracht zu ziehenden
Verhältniß Regenfalles 6½mal so groß ist als das des gelieferten Wassers, wäh-
des Ver- rend es das des Urins und der Fäcalien 300mal übertrifft, vorausge-
brauchs-
wassers zum setzt, daß ¹⁄₁₂ der Entleerungen eines Tages von 24 Stunden in einer
Meteor- Stunde stattfindet.
wasser. Sollte die Wasserversorgung von Heilbronn, die hier zu 73½
Liter per Kopf von 20,000 Einwohnern angenommen ist, die Höhe von
120 Liter erreichen, so würde das Verhältniß der Wasserversorgung zum
Regenfall sich statt wie 1 : 6½ wie 1 : 4 stellen.

Zieht man weiter das ganze Entwässerungsgebiet, das für Heilbronn berücksichtigt werden muß, in Betracht, so findet man, daß 1 mm.
Regenfall 48mal das Maximum der gegenwärtig in Aussicht genommenen Wasserversorgung ergibt, oder 29mal den reichlicheren Betrag einer
Wasserversorgung von 120 Liter per Kopf, ¹⁄₁₀ der täglichen Versorgung
als stündliches Maximum vorausgesetzt, während ein derartiges Was-
ser-Volumen 2000mal größer sein würde, als der Urin und die Fäcalien,
die in einem gleichen Zeitraume von der Bevölkerung Heilbronns ent-
leert werden.

Wasser- Capitain Liernur erklärte neulich in Liverpool, daß jetzt auf
closets in Verlangen Wasserclosets in seinem Systeme angebracht werden können;
Verbindung
mit dem über die vermehrten Kosten, die sein System bei diesen Einrichtungen
pneumati- verursachen würde, ist jedoch nichts verlautet. Gleichwohl liegt es zu
schen Tage, daß durch eine derartige Einrichtung Mehrkosten entstehen müs-
System. sen, sowohl wegen der nöthigen Reservoirs, wie wegen der Abfuhr
oder der Verwandlung der flüssigen Masse in Poudrette u. dgl.

Wasser- Also auch die Einführung von Wasserclosets bei einem derarti-
closets ohne gen System würde, wie aus den angeführten Beispielen über das Ver-
Einfluß auf
die Größe hältniß des Volumens der menschlichen Entleerungen und des Ver-
der brauchswassers zu dem des Regenfalls hervorgeht, nur in sehr gerin-
Schwemm- gem Maaße die Umstände für die Bestimmung der Größe der Canäle
canäle. eines Schwemmsystems ändern. Nimmt man das von den Closets in
die Canäle gelangende Wasser zu ¹⁄₆ der ganzen Wasserversorgung an,
so würde es 12½mal das Volumen des Urins und der Fäcalien über-
treffen und das stündliche Maximum des mit den menschlichen Aus-
wurfstoffen geschwängerten Closetwassers sich zu einem Niederschlag
von 1 mm. pro Stunde verhalten wie 1 : 164, während wie bereits
oben angeführt die Auswurfstoffe allein sich zum Regen verhalten wie
1—2000. 1 mm. Niederschlag für den ganzen bei Heilbronn in Betracht
kommenden Distrikt gibt 1,2277 Cbm. pro Sec., und ein eiförmiger
Canal müßte um dieses Wasserquantum bei einem Fall von 1/500 und
einer Füllung bis zu ⅔ seiner Höhe abführen zu können, eine Größe

von 1,650 × 1,100 Mtr. haben. Vermehren wir dieses Quantum um ¹/₁₀₄, so ergibt sich für den Canal eine Größe von: 1,654 × 1,103 Meter.

Aus diesem Allem geht hervor daß die Einführung von Wasser-closets in die Canäle von so unbedeutendem Einfluß auf die Größe derselben ist, daß man für alle praktischen Zwecke auf die Einführung oder Nichteinführung von Closets keine besondere Rücksicht zu neh-men braucht. Ich habe in den obigen Auseinandersetzungen angenom-men, daß ¹/₆ der ganzen Wasserversorgung von den Closets in Anspruch genommen werde. Nun liegt die Annahme nahe, daß ein größerer Wasserbedarf per Kopf durch die Anwendung von Wassercloset gegen-über der Abfuhr oder einer anderen Art der Entfernung der Fäcalstoffe entsteht. Auf dem Social science Congress in Glasgow vom 1. Oct. l. J. brachte jedoch Mr. Latham eine Denkschrift zur Verlesung, in der zehn Städte mit Wassercloset und zehn Städte, in denen das Ab-fuhrsystem allgemeiner ist, neben einander gestellt wurden, und aus der sich ergab, daß, während in Städten mit Closets ein durchschnittliches Quantum von 143,5 Liter erforderlich ist, nicht weniger als 162,1 Li-ter in denjenigen Städten verbraucht werden, in denen ein Abfuhr-system noch besteht.

Wasserver-brauch in englischen Städten mit und ohne Was-sercloset.

Das für den Kopf der Bevölkerung verbrauchte Wasserquantum gestaltet sich, wie folgt:

Städte mit Closets: Quantum per Kopf:

Alnwick und Cannongate	136	Liter
Barnet	136	„
Croydon	254	„
Liverpool	118	„
London	132	„
Penzance	114	„
Plymouth	182	„
Uxbridge	91	„
Warwick	136	„
Watford	136	„
Durchschnitt:	143,5	„

Städte mit Abfuhr:

Atherton	181	„
Ayr	173	„
Bradford	118	„
Bacupd	150	„
Glasgow	227	„
Lincoln	136	„
Malton	182	„
Ormskirk	182	„
Perth	136	„
York	136	„
Durchschnitt:	162,1	„

Dieses gegen alles Erwarten merkwürdige Verhältniß kann seinen Grund nur in besonderen Ursachen haben, wie z. B. in der Wasserrervergeudung in denjenigen Städten, wo Wassercloset nicht allgemein im Gebrauch sind. Es bestätigt indessen das Resultat, zu dem ich gekommen bin: daß praktisch die Lösung der Frage, ob Closets oder Abfuhr, mit Ausnahme einiger, weniger seltener Fälle, so wenig Einfluß auf die Größe der Canäle und die allgemeinen Grundzüge eines Canalsystemes hat, daß Unentschiedenheit in dieser Beziehung städtische Behörden nicht zur Verzögerung der Anlage einer geordneten Canalisirung veranlassen sollte.

Wasser-
closets ohne
Einfluß auf
die Tiefe
und Form
der Canäle.
Die Einführung der Closets hat weder Einfluß auf die Tiefe, in welcher die Canäle gelegt werden sollen, noch auf ihre Form. Erstere hängt in manchen Fällen von der Regulirung des Grundwassers, in andern von dem Maaße ab, in welchem die Entwässerung der Keller bewirkt werden soll, in der Regel sind beide Faktoren von großer Wichtigkeit. Auch sind die allgemeinen Einrichtungen und Grundzüge eines Systems, insofern als Hochwasser, hohe und niedrige Distrikte und die Vorkehrungen gegen Gewitterregen c. in Betracht kommen in keiner Weise abhängig von der Entscheidung der Frage von der Aufnahme oder Nichtaufnahme der Fäcalstoffe d. h. sofern nicht die weitere Frage nach der Verwerthung des Canalwassers für die Bestimmung der Richtung und Lage des Hauptauslasses maßgebend eingreift.

Schwemm-
System
für
Heilbronn.
Die gehörige Erwägung dieser verschiedenen Gesichtspunkte und die schuldige Rücksicht auf die bereits beschriebene natürliche Beschaffenheit der Stadt und des sie umgebenden Terrains, auf welchem die in Vorschlag gebrachte Erweiterung freien Spielraum hat, bringen mich zu der Ueberzeugung, daß das Schwemmsystem in seiner vollständigen Durchführung sich für Heilbronn als das billigste und das auf die Dauer sich am meisten bewährende herausstellen wird. Das Schwemmsystem entfernt in einer Weise, die kein anderes System leisten kann, das Verbrauchswasser und den ganzen Unrath aus dem Bereiche der Stadt, ohne die Einwohner zu belästigen und ehe die Fäcalstoffe Zeit gehabt haben, in Verwesung überzugehen und ihre gesundheitsgefährlichen Wirkungen auszuüben. In dieser meiner Ueberzeugung werde ich dadurch bestärkt, daß ich die Lage der Stadt für eine, späterer Verwerthung oder Verwendung des Canalwassers zu Agriculturzwecken, überaus günstige erachten muß.

Ungeachtet dieser meiner Ueberzeugung habe ich geglaubt, einem verehrlichen Gemeinderathe die Sachlage dahin erläutern zu müssen, daß die Aufnahme der Fäcalstoffe, falls es gewünscht wird, als offene Frage behandelt werden kann. Jedoch glaube ich gleichzeitig darauf aufmerksam machen zu müssen, daß bei Schwemmcanälen diese Aufnahme der Fäcalstoffe nur durch Waterclosets stattfinden kann. Um diese nachträglich an die Canäle anzuschließen, bedarf es jedoch bei der ersten Ausführung keiner besonderen Vorrichtung, auch wird durch sie keine spätere Abänderung irgend welcher Art erfordert. Die einzige Frage, die hierbei in Betracht kommen kann, ist die der Verunreinigung des Flußes, die zu der Nothwendigkeit führen müßte, Mittel zur Nutz= barmachung des Canalsystems in Erwägung zu ziehen.

Die alten Dohlen.

Ich habe bereits kurz die in Heilbronn bestehenden Dohlen er= wähnt. Nunmehr erlaube ich mir auch die am Schluß dieses Berich= tes angefügte tabellarische Zusammenstellung, sammt Angabe der Quer= schnittsdimensionen, Gefälleverhältnisse und Beschreibung der son= stigen Beschaffenheit der erwähnten Dohlen, sowie auf den diesbezüg= lichen Plan, Blatt V (im Maaßstab 1 : 1250) hinzuweisen, um einem verehrlichen Gemeinderath zu ermöglichen, sich ein freies Urtheil über die Gründe zu bilden, welche mich zu den nachfolgenden Schlußfolge= rungen geführt haben.

Allgemeine Be= stätigung. (Details im Anhang u. Plan.)

Aus jener Beschreibung und dem Plane, in welchem die Linien und die Richtung derselben, nebst den verschiedenen Einsteigeschachten eingezeichnet sind, ist es ersichtlich, daß mit Ausnahme der Dohle in der Thurmstraße, deren Sohle 5 Meter unter der Straßenoberfläche ist, die übrigen Dohlen in sehr geringer Tiefe unter dem Straßen= Niveau angelegt sind. Bei manchen derselben mußte sogar stellenweise das Profil reducirt werden, um Raum für das Pflaster oder die Chaussirung der Straßen zu gewinnen. Die Tiefe steigt von einem Minimum von 0,078 Meter bei einem Einsteigeschacht in der Schäfer= gasse und 0,88 Meter in der Kappengasse, abgesehen von der Dohle in der Thurmstraße, bis zu einem Maximum von 2,69 Meter in der Jacobstraße, 2,97 Meter in der inneren Rosenbergstraße und 2,86 Me= ter in der Fleinerstraße. Während die Arbeit bei einem Theile der Dohlen für derartige Sandsteinbauten von guter Beschaffenheit und viel besser ist, als man es gewöhnlich bei aus derselben Zeit stammen= den derartigen Anlagen oder z. B. in dem benachbarten Stuttgart fin= det, so gibt es doch eine Anzahl, bei denen nicht nur Ausführung und Material von viel schlechterer Beschaffenheit ist, sondern die sich geradezu in einem solchen Zustande befinden, daß sie selbst unter den günstigsten Umständen nicht mit einem einigermaßen geordneten Canalsystem in Verbindung gebracht werden könnten.

Die Form der Dohlen ist durchgängig viereckig mit flachem Boden, senkrechten Seitenwänden, und sind sie entweder mit Platten gedeckt oder überwölbt. Bei manchen Linien trifft man sogar in der=

Tiefenlage der Dohlen.

Beschaffen= heit der Arbeit.

Form der Dohlen.

selben Straße die verschiedenartigsten Profile und häufig sind in der Nähe des Flusses, wo das Gefälle abnimmt, die lichten Oeffnungen der Dohlen am kleinsten. Dohlen wie in der Kirchbrunnengasse — die sogenannte Saubach — und in der Schäfergasse, zu welchen noch verschiedene andere hinzugefügt werden könnten, sind eigentlich nur lange Sammelgruben, die bei jedem Witterungswechsel durch die in sie einmündenden Seitencanäle einen gesundheitsgefährlichen pestilenzialischen Gestank verbreiten. Eine Abänderung oder Verbesserung derselben ist ganz unthunlich und würde nur eine nutzlose Geldausgabe sein.

Abänderung oder Verbesserung der Form.

Eine vortheilhaftere Form der besser ausgeführten Dohlen ließe sich freilich dadurch erreichen, daß man ihrer Innenseite durch Cement-Beton und Cementverputz eine mehr eiförmige Gestalt gäbe.

Erwägt man jedoch, daß sie durchgängig eine nur geringe Tiefenlage haben, so ist ersichtlich, daß eine derartige Ausgabe fast den Herstellungskosten ganz neuer Canäle von ähnlicher Tiefe gleichkommen und doch in Betreff der voraussichtlich wenig befriedigenden Resultate kaum zu rechtfertigen sein würde.

Die Dohlen sind nach dem alten Grundsatze angelegt auf dem kürzesten Wege den Fluß zu erreichen, um dadurch das günstigste Gefälle zu gewinnen; mit welchem Erfolge jedoch geht aus der tabellarischen Beschreibung hervor; selbstreinigend sind sie nicht, denn überall finden sich Anhäufungen und Ansammlungen von Unrath, die auf eine lästige Weise durch Handarbeit entfernt werden müssen, wenn sie die Dohlen nicht fast verstopfen und dem eingelassenen Wasser den Durchgang versperren sollen, wie es am 28. Juni d. J. bei meiner Gegenwart in Heilbronn in der Schäfergasse der Fall war. Eine Verbesserung der Form würde allerdings einem derartigen Mißstande entgegenwirken, sonst würden aber durch den immerhin bedeutenden Kostenaufwand wenig oder gar keine anderen Vortheile erzielt werden. Die ungenügende Tiefe und die Unmöglichkeit der Kellerentwässerung würde bestehen bleiben. Dohlen mit einem in der angegebenen Weise verbesserten Profil können durch die Hauptlinien eines neuen Systemes aufgenommen werden, sie würden indeß in diesem Falle mit ihrem oberen Ende so hoch über den Spüllinien liegen, daß eine Durchspülung derselben nicht zu bewerkstelligen wäre. Sie würden somit auf Selbstspülung angewiesen sein. Erwägt man jedoch, daß die Tiefe derselben in vielen Fällen, ganz abgesehen von den Kellern, für die Entwässerung der in nächster Nähe gelegenen Gärten und Grundstücke absolut unzureichend ist, so komme ich zu dem Schlusse, daß, so wünschenswerth es auch immer erscheinen mag, derartige alten Dohlen — so fern sie eines Anschlusses an irgend eines der in Betracht kommenden neuen Systeme fähig sind — beizubehalten, dennoch die durch ein derartiges Vorgehen erwachsenden Kosten, welche in keinem Verhältnisse zu den

zu erzielenden Resultaten stehen würden, es nicht als gerechtfertigt er=
scheinen laffen, einem verehrlichen Gemeinderathe von Heilbronn ein
derartiges Projekt zu empfehlen.

Sollte durch Verwendung folcher alten Dohlen, die rücksichtlich **Die alten**
ihrer Anlage und ihres Zustandes zur Aufnahme von Meteorwasser **Dohlen in**
Bezug auf
geeignet erscheinen, eine wesentliche Ersparniß bei der Anlage des neuen **das Me-**
Systems erreicht werden können, so wäre noch in Erwägung zu ziehen, **teorwasser.**
welchen Veränderungen und Verbesserungen diese alten Dohlen zuvör=
derst unterworfen werden müßten. Wie bereits erwähnt, stehen sie
jedoch alle oberhalb des Wehrs in direkter Verbindung mit dem Neckar
und nehmen den Rückstau jedes Hochwassers in sich auf, ein Uebel=
stand, dem sich nur entweder durch selbstthätige Verschluß= und Schleu=
ßeneinrichtungen (so lange sich in den Dohlen kein fließendes Wasser
befindet) oder sonst durch Abschneidung jeder Verbindung mit dem
Neckar und Erbauung eines besonderen Canales für ihre Aufnahme
bis an den unteren Neckar vorbeugen ließe. Aber selbst in diesem Falle
müßten alle solche Stadttheile, die unter dem Hochwasserspiegel des
unteren Neckars liegen von einer Verbindung mit den Dohlen sorgfäl=
tig ausgeschloffen werden und die Dohlen ausschließlich für die Entfer=
nung des Meteorwassers aus den Districten, welche über diesem Niveau
liegen, benutzt werden, wenn irgend welche Vortheile über den gegen=
wärtigen Stand der Dinge hinaus erzielt werden sollen. Ich komme
daher zu dem Resultat, daß auch durch dieses Vorgehen sich kein Vor=
theil erzielen läßt, und daß die einzige ausführbare Einverleibung der
vorhandenen Dohlen in das neue System darin besteht, daß man eine
oder zwei Linien zu Sturmausläffen benutzt. Eine Ausnahme hiervon
bildet die Dohle in der Schulgasse, die durch ihr eiförmiges Profil
einen großen Vorzug vor den übrigen Dohlen aus früherer Zeit hat,
und die mit einigen Verbesserungen trotz ihrer unzureichenden Tiefe
beibehalten und dem neuen Canalnetze angeschloffen werden kann.

Nun laffen sich zwar bis dahin, bis die neuen Canallinien aus= **Vorläufige**
gebaut sein werden, gewisse Verbesserungen anbringen, wie z. B. Stra= **Herrichtung**
der alten
ßeneinläufe mit Wasserverschlüffen und Sandfängen anstatt der bis= **Dohlen bis**
herigen Einläufe, die den Schmutz und den Kehricht der Straßen und **zur Fertig-**
Höfe direct in die Dohlen gelangen laffen. Ein sehr geringer Theil **stellung der**
der Kosten für diese Verbesserungen würde bei einer späteren Vereini= **neuen**
gung derartiger Anlagen mit dem neuen Systeme verloren gehen, da **Canäle.**
die Einläufe bestehen bleiben und nur die Verbindungsrohre, je nach
der Sachlage eine kleine Veränderung oder Verlängerung erfordern
würden. Ein solches Verfahren würde eine besondere Ventilation der
alten Dohlen erfordern, die sich übrigens ohne große Kosten in der=
selben Weise, wie sie für die neuen Canäle vorgeschlagen werden wird,
bewerkstelligen ließe.

Schluß-Be-
merkung. Wenn ich aber in dieser Weise die mir vom verehrlichen Ge=
meinberathe gestellte Frage beantworte, „Welche Verbesserungen sich
bei den Dohlen bis zur Fertigstellung der neuen Canäle anbringen
ließen?" so möchte ich nicht dahin mißverstanden werden, als wolle
ich die besprochenen Maßregeln empfehlen, ich halte vielmehr, abgesehen
von ihrem temporären Character dieselben für mehr als irgend welche
andere geeignet, die Anwendung von durchgreifenden sanitären Maß=
nahmen zu verzögern.

II. Das neue System.

Allgemeine Grundzüge.

In der allgemeinen Beschreibung ist der Umfang angedeutet
worden, bis zu welchem die Stadt bei Hochwasser den Ueberschwem=
mungen des Neckars ausgesetzt ist, und es hat sich dabei gezeigt, daß
die linke Uferseite mit Ausnahme des neuen Bahnhofes ꝛc. gänzlich
unter dem höchsten Hochwasser-Niveau liegt. Es ist daher ersichtlich,
daß, sobald die Fluthen über das Ufer treten, ein jedes Entwässerungs=
system erst dann für solche niedrig gelegenen Stadttheile etwas nützen
kann, wenn das Wasser bis zur Uferhöhe zurückgetreten ist, dann aber
muß es für die überschwemmten Keller und dem wassergetränkten Bo=
den einen rascheren und sichereren Ablauf bieten, als bisher vorhanden
war.

Diese Keller und Stadttheile, welche nach dem Rücktritt des
Neckars bis zu seinen Ufern noch überschwemmt bleiben, können durch
einen tiefen Abzugscanal, der weit unterhalb der Stadt in den Neckar
einmündet, von dem Fluthwasser befreit werden, während bei den ge=
genwärtigen Einrichtungen ohne Auspumpen nicht eher Abhilfe möglich
ist, als bis der obere Neckar unter das Niveau der überflutheten Stra=
ßen und der Keller gefallen ist. Da nun alljährlich Hochwasser vor=
kommen, bei welchen das Wasser durch die Dohlen aufsteigt und so
die niederen Stadttheile überschwemmt, ohne die Flußufer zu über=
schreiten, und da Fluthen, welche die Ufer überschwemmen, selten, oft
nur in Jahrzehnten vorkommen, wie z. B. in den Jahren 1817, 1824,
1845 und 1851, so ist es klar, daß auch, wenn ein neues Canalisations=
System keinen anderen Vortheil böte, als die bereits vorstehend er=
wähnten, es doch für die Einwohner Heilbronns von großer Wichtig=

keit fein würde, gegen die, in regelmäßigen Zwischenpausen wiederkeh=
rende Wassernoth geschützt zu fein. Ein vollständiger Schutz gegen die
Ueberschwemmungen der oben erwähnten höchsten Wasserstände ist nur
durch eine Erhöhung der Uferlinie in Verbindung mit der schon be=
schriebenen Einbämmung möglich.

Bei den jetzt bestehenden Einrichtungen ergießt sich der Inhalt
der höher gelegenen Abzugskanäle in die unteren Stadttheile, wo die
Dohlen bei Hochwasser des Neckars durch Rückstau überfüllt sind. —
ein Mißstand, in Folge dessen der Boden der unteren Districte zu
verschiedenen Zeiten des Jahres von dem zufließenden Verbrauchswasser
der unteren und oberen Bezirke zugleich inficirt wird. Unter diesen
Umständen ist es günstig, daß die Dohlen größtentheils in der Lehm=
schicht liegen, welche den Kies bedeckt; jedoch ist diese Lehmdecke gerin=
ger in den unteren Stadttheilen gegen den Neckar zu, wo die Dohlen
der erwähnten Ueberfüllung ausgesetzt sind. Es ist daher von größter
Wichtigkeit, die Canäle der oberen Districte so einzurichten, daß sie
bei eintretendem Hochwasser von den niederen Stadttheilen vollständig
abgeschlossen werden können mit eigenem, unbehindertem, von solchen
Wasserständen ganz und gar nicht beeinflußtem Auslasse.

In dem neuen Systeme, das ich für Heilbronn in Aussicht ge=
nommen habe, ist diesem Umstande sorgfältigst Rechnung getragen, was
zu einer Theilung der Anlagen in einen unteren District, auf der lin= Theilung
ken in Verbindung mit einem unteren und drei oberen Districten auf in untere
und obere
der rechten Seite des Flusses geführt hat. Vermittelst dieser Einrich= Districte.
tung und der Loslösung der bestehenden Dohlen von jeder Verbindung
mit dem oberen Neckar, wird es möglich, durch Anlage der Hauptlinien
der neuen Canäle in möglichst gleicher Richtung mit dem Laufe des
Flusses und Vereinigung desselben an einem thunlichst weit unterhalb
der Stadt gelegenen und hierzu geeigneten Punkte zur Gewinnung eines
passenden Auslasses, nicht nur die unteren Stadttheile gegen solche
Ueberschwemmungen zu sichern, die nicht über das Ufer treten, sondern
auch eine Kellerentwässerung für den größeren Theil der Altstadt sogar
in solchen Zeiten zu gewinnen. Wie bereits bemerkt, sollen die oberen
Districte so eingerichtet werden, daß sie in Ueberschwemmungszeiten und
bei ungewöhnlich starkem Regenfall vollständig von dem unteren System
abgetrennt werden können und ihr Wasser durch Sturmausläße in den
Neckar ergießen, eine Einrichtung, die es ermöglicht Canäle von ge=
ringeren Dimensionen zu wählen und gleichzeitig ein Ueberfüllen der=
selben bei schwerem Regenfall zu verhüten. Während so eine unvoll=
ständige Unabhängigkeit der oberen und unteren Districte von einander
hergestellt ist, bilden sie zu allen gewöhnlichen Zeiten ein harmonisches
Ganzes. Die Nebenlinien werden durch die Hauptcanäle in kurze
Strecken mit guten Gefällen getheilt und können mit dem Wasser der

2

oberen Districte gespült werden, während die Hauptlinien selbst, jede für sich, ihre Spülung von den unmittelbar über ihnen gelegenen Hauptcanälen erhalten.

Die Hauptcanäle, welche derart die Stadt in Längenstreifen theilen, brauchen daher nur von mäßigem Querschnitte zu sein, denn ein jeder von ihnen nimmt das Wasser seines betreffenden Streifens auf und entlastet dadurch die unterhalb gelegenen Streifen, während der Hauptcanal des direct über ihm liegenden Streifens ihm den gleichen Dienst leistet, und so wird stufenartig jeder District durch den höher gelegenen entlastet, bis schließlich der unterste erreicht wird.

Wollte man umgekehrt verfahren und jeden Strang auf dem kürzesten Wege nach einem Sammelcanal im unteren Bezirke führen, so würden, weil hier das schlechteste Gefälle vorhanden ist, Canäle von großen Dimensionen erforderlich sein und dadurch die Kosten beträchtlich vermehrt werden.

Um diese Eintheilung in Districte etwas deutlicher zu veranschaulichen, wird es nöthig sein, einige der vorgeschlagenen Canallinien und ihr Gefälle zu beschreiben, und einige Angaben über das Verhältniß des Niveaus der Canäle zu dem Sommer- und Fluthwasserstande des Neckars beizufügen. Da nun das untere System das wichtigste und dringlichste ist und der Hauptauslaßcanal den vornehmlichsten Theil desselben bildet, werde ich die Aufmerksamkeit eines verehrlichen Gemeinderaths zuerst auf dieses hinleiten.

Das untere System.

Erste Besichtigung und Wahl des Auslasses. Bei einer Besichtigung des unteren Neckars wählte ich als den für die Münbung des Haupt-Auslaßcanals für Heilbronn mir am geeignetsten scheinenden Punkt eine Stelle an der Krümmung des Flusses unterhalb der Düngerfabrik am Viehweg. Der Canal kann von hier aus direct in den Neckar, beinahe in gleicher Richtung mit dem unteren Stromlaufe gegen Neckargartach hin geführt werden; der Fall des Flusses schien mir unterhalb dieses Punktes ein so geringer zu sein, daß durch ein Weiterführen des Canals für die augenblicklich maßgebenden Zwecke kein praktischer Vortheil zu erzielen wäre, der in irgend einem Verhältniß zu den erwachsenden Mehrkosten stünde. Das **Nivellement des Flusses** Nivellement des Flusses ist bei verschiedenen Gelegenheiten für die Strecke von oberhalb Heilbronns bis nach Neckargartach aufgenommen worden; es hat sich dabei herausgestellt, daß, dem Hauptstrome folgend, von dem mittleren Wehre an, der untere Neckar bei gewöhnlichem Sommerwasserstande das nachfolgende Gefälle hat:

Von einem Punkte 100 m. unter dem Wehre
auf eine Strecke von 113 m. . . . . 1 : 618,
„ „ weitere Strecke von 215 m. . . . . 1 : 405,
„ „ „ „ „ 189 m. bis zur unteren Spitze
der großen Bleichinsel . . . . 1 : 540,
auf eine weitere Strecke von 131 m. . . . . 1 : 1008,
„ „ „ „ „ 436 m. bis zur chemischen
Fabrik am linken Ufer . . . . 1 : 1181,
auf eine weitere Strecke von 383 m. . . . . 1 : 1665,
„ „ „ „ „ 359 m. bis zum projectirten
Auslasse . . . . 1 : 2350,
unterhalb dieser Punkte bis nach Neckargartach ist das
Gefälle nur . . . . 1 5300.

Ein Längenprofil von der oberen Schleuße durch den Wilhelms-
canal bis Neckargartach, welches ich dem Herrn Oberbaurath Martens Längen-
profil von
Herrn
Oberbau-
rath
Martens.
verdanke, zeigt auf einer Strecke von 4000 Fuß zunächst unterhalb des
Canals ein durchschnittliches Gefälle von 1 : 1316 und weiter abwärts
1 : 4132; auf dem erwähnten Längenprofil sind jedoch die Wasserstände
mit 2 Fuß am unteren und 12,5 Fuß am oberen Pegel angegeben, ein
Niveau, das jedenfalls als ein sehr exceptionelles bezeichnet werden
muß.

Diese Angaben haben die Richtigkeit des von mir zur Einmündung gewählten Punktes bestätigt, da bei einem Flußgefälle von rund
1 : 500 jede Verlegung der Ausmündung thalabwärts eine Verringe-
rung des Gefälles der oberen Strecken bedingt, wenn nicht eine solche
Verlängerung des Haupt-Auslaßcanals außerordentlich flach angelegt
werden sollte. Der einzige hierdurch zu erlangende Vortheil würde in
einer größeren Sicherheit gegen Ueberschwemmung und in einer voll-
kommeneren Entwässerung der unteren Stadttheile bei ungewöhnlich
hohem Wasserstande bestehen. Die Entfernung von dem projectirten
Auslasse bis Neckargartach beträgt 1100 Meter und das zu gewinnende
Gefälle bei gewöhnlichem Sommerwasserstande nur 22 cm., während,
infolge der eigenthümlichen Fluthverhältnisse des unteren Neckars, die
aus seinem eingeengten Laufe unterhalb der Stadt entstehen, die Fluth 1824 Hoch-
wasser.
von 1824 oberhalb der Wehre eine Höhe von 4 Meter, unterhalb der
Wehre eine Höhe von über 6 Meter, und bei Neckargartach nach dem
Nivellement des Herrn Oberbaurath Martens eine solche von 5,33 m.
über dem gewöhnlichen Wasserstande erreichte. Sowohl aus diesen
Daten, wie aus den am 30. Juni, während eines geringeren Hochwassers, zu diesem Zwecke von mir veranlaßten Nivellements, geht hervor,
daß zu Zeiten einer Fluth wie die von 1824, das Wasser am projectirten Auslasse ca. 5,90 m. steigen würde. Das Gefälle des Wasser-
spiegels wäre mithin vom Auslasse bis Neckargartach bei Hochwasser

Verlänge-rung des Auslaß-canals bis Neckar-gartach. 70—80 Centimeter, und bei niederem Waſſer, wie ſchon erwähnt, 22 Cm. Es könnte ſomit durch Verlegung des Auslaſſes nach Neckar-gartach die mögliche Höhe eines Rückſtaues in die Canäle zu ſolchen Zeiten um 70—80 Cm. verringert werden. Nach den von meinem Aſ-ſiſtenten gewonnenen Reſultaten — und ich habe ſeither ſelbſt Gelegen-heit gehabt, an Ort und Stelle Ermittelungen anzuſtellen — erreichte die Fluth von 1824 bei Neckargartach einen Waſſerſtand von 151.59 Meter über dem Meeresſpiegel, wogegen die Längenprofile des Herrn Martens eine Höhe von 152 Meter ausweiſen. Dies kann jedoch die Umſtände bei einer etwaigen Verlegung des Auslaſſes bei Neckargartach **Pegel am projectir-ten Aus-laßpunkte.** nicht weſentlich ändern, ſondern zeigt nur, daß es nothwendig iſt, ſo-wohl an dem für die Mündung gewählten Punkte, als auch bei Neckar-gartach Beobachtungen anzuſtellen, damit die Höhen künftiger Hoch-waſſer feſtgeſtellt und beſſere Anhaltspunkte für den möglichen Grad der größten vorkommenden Ueberfluthungen gewonnen werden.

Während meines Aufenthaltes in Heilbronn im Juni und Juli d. J. habe ich die Errichtung geeigneter Pegel anempfohlen, damit hin-ſichtlich dieſer für die Canaliſation von Heilbronn ſo wichtigen Ermit-telungen Nichts verſäumt werde.

Niedrigſte Straßen-höhe von Heilbronn. Der niedrigſte Punkt von Heilbronn findet ſich da, wo die große Fiſchergaſſe und Kirchbrunnengaſſe kreuzen, 152,29 Meter über dem Meeresſpiegel. Der Sommerwaſſerſtand an dem projectirten Auslaſſe beträgt 146,89 Meter und die Entfernung zwiſchen den zwei Punkten **Verjüngte-res Gefälle bis zum Auslaß u. Neckar-gartach.** 2250 Meter, ſo daß ein Canal mit einer Tiefe von nur 2½ Meter an der erwähnten Kreuzung anfangend, ein Durchſchnitts-Gefälle von nur 1 : 776 erhalten könnte. Wenn dagegen ein Canal von demſelben Anfangspunkte bis Neckargartach geführt wird, ſo wird dieſer weil die Entfernung 1100 Meter größer und der Sommerwaſſerſpiegel des Neckars bloß 22 Cm. niedriger iſt, nur ein Durchſchnittsgefälle von 1 : 074 erhalten. Die Terraingeſtaltung würde jedoch keineswegs eine auch nur annähernd gleichmäßige Durchführung des einen oder des anderen dieſer Gefälle geſtatten, ſondern wird für die Verlängerung des Haupt-Auslaßcanals vom projectirten Auslaß bis Neckargartach Nichts günſtiger als 1 : 2500 zu erreichen ſein.

Tiefſter Punkt des Ufers in der unteren Neckar-ſtraße. Der niedrigſte Punkt in der unteren Neckarſtraße findet ſich bei der St. Wolfgangsgaſſe 153.16 Meter über dem Meeresſpiegel, und bin ich in Folge direkter Vermeſſung des Hochwaſſers vom letzten Juni, zu dem Reſultat gekommen, daß die Höhe dieſes Punktes während eines Hochwaſſers einer Höhe von 153.5 Meter oder 22,65 Fuß am oberen Pegel entſpricht, und daß ſeit 1824 der Neckar nur zweimal (1845 und 1851) dieſen Punkt des Ufers überſchritten haben kann.

Eine solche Fluth von . . . . 153,50 Mtr.
würde durch das Aufsteigen des Wassers in den alten
Dohlen den obenerwähnten Kreuzungspunkt der Kirch=
brunnen= und großen Fischergasse . . . . 152,29 „
. . . . bis zu einer Höhe von . . . . 1,21 „
unter Wasser setzen und gleichzeitig eine große Anzahl der angrenzen=
den Straßen überschwemmen, wogegen durch den projectirten Auslaß
die Sache sich folgendermaßen gestalten würde:

Ecke der Kirchbrunnen= und großen Fischergasse 152,29 Mtr.
Ermitteltes Niveau des Neckars an dem projec=
tirten Auslasse bei einem Hochwasserstande von 22,65 Fuß
am obern Pegel oder 153,5 m. über dem Meeresspiegel,
entsprechend dem Niveau der unteren Neckarstraße an
der Ecke der St. Wolfgangsgasse . . . . 151,29 „

Mithin Tiefe des Stauwassers unter der Straßen=
oberfläche . . . . 1,00 Mtr.

Sonach würde der projectirte Auslaß hinreichende Sicherheit
gegen die Hochwasser des Neckars gewähren, so lange derselbe seine
Ufer nicht überschreitet. Vollständige Sicherheit gegen die Folgen eines
Hochwassers, wie das von 1824 kann nur durch die erwähnte Erhöhung
der Ufer in Verbindung mit entweder einer Verlegung des Hauptaus=
lasses noch unterhalb Neckargartach, oder mit provisorischem Anspumpen
der Canäle während solcher Fluth, erreicht werden.

Mit Rücksicht darauf, daß die voraussichtliche Verwerthung des
Canalwassers die Errichtung eines Pumpenwerks unumgänglich macht,
und dieses in Zeiten derartiger außerordentlichen Ueberschwemmungen
den besagten Dienst verrichten kann, bin ich der Ansicht, daß es nicht
nöthig ist, den Hauptcanal über den beschriebenen, für den definitiven
Auslaß bestimmten Punkt hinaus zu verlängern, gleichzeitig wird aber
das Niveau der Canäle so zu halten sein, daß die Möglichkeit einer
künftigen Fortsetzung des Haupt=Auslaßcanals bis unterhalb Neckar=
gartach mit dem bereits erwähnten Gefälle von 1: 2500 offen ge=
halten ist.

Die schon erwähnte Eigenthümlichkeit des unteren Neckars, der
viel rascher als der obere Neckar steigt, hat ein sorgfältiges Studium
der beiden Pegel=Registrirungen nöthig gemacht und der verehrliche
Gemeinderath war so freundlich, mir Abschriften zu besorgen, die für
den unteren Pegel von 1828 bis incl. 1873 und für den oberen von
1835 bis 1873 reichen.

Diese Beobachtungen, die sich über eine Periode von 46 Jahren
erstrecken, habe ich tabellarisch ordnen und graphisch darstellen lassen
und lege die Tabellen und graphischen Darstellungen diesem Berichte
ergebenst bei.

Ungleiche
Steigung
des oberen
u. unteren
Neckars.

Nimmt man die Beobachtungen für das Jahr 1845, so finden sich am oberen Pegel vielfach Veränderungen von nur wenigen Zoll, während der Neckar am unteren Pegel 2 bis 4 Fuß schwankt, eine Erscheinung, die sich durch die verschiedenartige Benutzung der Wasserkraft seitens der Fabriken erklären läßt und die hier nicht zu berücksichtigen ist. In Verfolgung der weiteren Differenzen der Wasserstände an den zwei Pegeln ergibt sich durchgehends für den unteren eine erheblich größere Steigung als für den oberen, und nimmt man die Steigungen am unteren Pegel über 4 Fuß, so haben dieselben gleichzeitig am oberen Pegel nur wie folgt, betragen:

	Steigung am oberen Pegel.	Steigung am unteren Pegel, wenn man die Steigung am oberen mit 100 bezeichnet.
von 4—5 Fuß = 1 a. u. P.	0,7	143
„ 4—6 „ = 2 „ „ „	1,4	143
„ 4—7 „ = 3 „ „ „	1,6	187
„ 4—8 „ = 4 „ „ „	2,1	190,5
„ 4—9 „ = 5 „ „ „	2,5	200
„ 4—10 „ = 6 „ „ „	3,4	176
„ 4—11 „ = 7 „ „ „	3,2	219
„ 4—12,3 „ = 8,3 „ „ „	3	276

Nach 12,3—15 Fuß am unteren Pegel ist die Steigung an beiden ziemlich gleich; von 15—20 Fuß a. u. P. sind die Zunahmen unregelmäßig und während das Wasser dort von 15—20,2 oder 5,2 Fuß stieg, betrug die Steigung am oberen Pegel nur 2,3 Fuß, so daß man sagen kann, daß von einem Wasserstande von 4 Fuß an der untere Neckar fast den doppelten Fluthstand (187 %) des oberhalb der Wehre gelegenen Theiles aufweist; bei einem höheren Wasserstande steigt er jedoch weniger rasch, ja es findet hier fast ein umgekehrtes Verhältniß statt: bei der Ueberschwemmung von 1824 stieg er nur *) 4 Fuß über dieses Niveau, während oberhalb der Wehre die Fluth einen Stand von 5 Fuß über dem entsprechenden Niveau erreichte.

Zusammen-
stellung
derge-
sammten
Wasser-
stände.

Wie sich aus den beigefügten Tabellen ergibt, fiel während eines Zeitraumes von 46 Jahren der untere Neckar nur einmal bis zu 1 Fuß der Pegelhöhe, am 5. Januar 1838.

Fassen wir die Beobachtungen dieser 46 Jahre zusammen, so ergibt sich, daß die Wasserstände am unteren Pegel durchschnittlich

an 29,15 Tagen des Jahres + 2 erreichten resp. nicht bis + 1 fielen.
„ 112,76 „ „ „ + 3 „ „ „ „ + 2 „
„ 102,00 „ „ „ + 4 „ „ „ „ + 3 „
„ 58,76 „ „ „ + 5 „ „ „ „ + 4 „
„ 27,32 „ „ „ + 6 „ „ „ „ + 5 „

*) Nach Angabe des Längenprofils des Herrn Baurath Martens.

an 14,87 Tagen des Jahres + 7 erreichten resp. nicht bis + 6 fielen.
„ 7,95 „   „   „   + 8   „   „   „ „ + 7 „
„ 4,13 „   „   „   + 9   „   „   „ „ + 8 „
„ 2,82 „   „   „   +10   „   „   „ „ + 9 „
„ 1,82 „   „   „   +11   „   „   „ „ +10 „
„ 1,39 „   „   „   +12   „   „   „ „ +11 „
„ 0,70 „   „   „· +13   „   „   „ „ +12 „
„ 0,76 „   „   „   +14   „   „   „ „ +13 „

Während derselben Zeit schwankten sie
zwischen + 14 und + 15 an 25 Tagen,
„ + 15 „   + 16 „ 12   „
„ + 16 „   + 17 „ 20   „
„ + 17 „   + 18 „ 13   „
„ + 18 „   + 19 „   6   „
„ + 19 „   + 20 „   3   „

Am 29. März 1845 erreichte das Wasser eine Höhe von + 21 und am 2. Aug. 1851 eine solche von + 22,2.

Hiernach würde der untere Neckar also durchschnittlich an 244 Tagen des Jahres nicht über + 4 Fuß der Pegelhöhe steigen und kann man demnach diese Höhe als den mittleren Wasserstand bezeichnen. *Mittlerer Wasserstand*

Diese Pegelhöhe entspricht einem Wasserstand von 147,06 Meter über dem Meeresspiegel an dem für den Auslaß projectirten Punkte.

Die Sohle des Canals soll deßhalb bei dem, zu Zwecken der Absperrung bei Hochwasser und für den Fall eines Pumpwerks in Aussicht genommenen Schieberschachtes, 100 Meter nordwärts von der am Viehweg gelegenen Düngerfabrik, einen halben Fuß höher als dieses Niveau (=147,20 Meter über dem Meeresspiegel) gehalten werden, wodurch gleichzeitig für eine eventuelle Verlängerung des Hauptauslaßcanals in der Richtung nach Neckargartach ein besseres Gefälle als das des Flusses, nämlich 1 : 2500 ermöglicht wird. *Haupt-schieber-Schacht des projectirten Auslaß-Canals.*

In diesem Schachte, der am Uferdamm liegen muß, ist eine selbstthätige Hängeklappe anzubringen, welche den Neckar abschließt, wenn sein schnelles Steigen einen größeren Druck ausübt, als in den Canälen selbst vorhanden ist. Zur größeren Sicherheit aber und um die Möglichkeit zu gewähren, den Neckar nach Belieben abschließen und die Canäle auspumpen zu können, muß in diesem Schachte noch eine, durch geeignete Vorrichtungen in Bewegung zu setzende Schieberthüre angebracht werden.

Ein Canal von 1,20 Meter Durchmesser und mit einem Gefälle von 1 : 156 verbindet diesen Schacht mit einem 60 Meter langen Auslaßrohr, das mit einem Gefälle von 1 : 200—50 Mtr. weit bis in den stärksten Strom des Neckars hineingeführt und derart in das Flußbett versenkt wird, daß es die Schiffahrt in keiner Weise beeinträchtigt. *Haupt-Auslaß.*

Richtung der Canäle. Untere Hauptlinie (Linie Nr. I.)

Von dem Schieber steigt der Canal bis zur Stadt mit wech=
selndem Steigungswinkel. Er läuft zunächst 100 m. an der Flußseite
der Ufereinbämmung hin und biegt auf der südlichen Ecke der Dünger=
fabrik ab, durchschneidet 170 m. weit die Felder, bis er den Viehweg
erreicht, dem er bis zum Kreuzungspunkte der Heidelberger Bahn folgt,
wendet sich dann südlich, durchschneidet die Weinsberger Bahn und
folgt darauf der durch den Garten der Schäuffelen'schen Fabrik pro=
jectirten neuen Straße bis zur Thurmstraße. Von hier aus wird er
durch den unteren Theil der Schäfergasse, die Lammgasse entlang, quer
über den Markt durch die Kasernengasse bis in die Kirchbronnengasse
geführt, biegt westlich in die Deutschhausstraße ab, läuft diese entlang
bis zur Allerheiligengasse und folgt schließlich letzterer bis zum Spül=
einlasse des Neckars am Götzenthurm. Dieselbe Strecke thalwärts zu=
rück verfolgend, hat dieser Canal bei einer Größe von 1,16 × 0,84 Mtr.
durch die Stadt bis zur Dammstraße ein Gefälle von 1 : 1000; an
letzterem Punkte steht er in Verbindung mit einem Sturmauslasse, der
für den oberen Diftrikt vorgesehen ist. Dann setzt er sich mit einem
Gefälle von 1 : 600 bis zum Viehweg und diesen entlang fort; an
dem unteren Ende desselben schließt sich die für das linke Ufer pro=
jectirte Linie an und beträgt von diesem Punkte bis zum Schieber=
schachte das Gefälle 1 : 1000. Der Canal hat den Viehweg entlang
ein Profil von 1,50 × 1,00 Mtr. und auf der letzten kurzen Strecke
von 314 Mtr. bis zum Schieberschachte ein solches von 1,80 × 1,20 Mtr.

Linie Nr. II.

Eine zweite Canallinie, 105 × 70 cm. wird von dem oben er=
wähnten Spüleinlasse am Götzenthurm die obere Neckarstraße entlang
durch die Brückenthorstraße, Gerbergasse und Heiligengasse in die Neckar=
straße geführt und verfolgt diese, bis sie in der Thurmstraße mit Linie
Nr. I. zusammentrifft. Das Gefälle des oberen Theiles dieser Linie
vom Götzenthurm bis zur Gerbergasse beträgt 1,234 pro mille und
für den unteren 1,096 pro mille.

Linie Nr. III.

Eine dritte Linie beginnt bei der Cäcilienstraße und läuft die
Wilhelmstraße entlang durch das Fleinerthor in der Richtung der
Fleinerstraße, Sülmerstraße, Paulinenstraße, des Neckarsulmer= und
Viehwegs, bis sie im Kreuzungspunkte der Heidelberger Bahn mit Linie
Nr. I. zusammentrifft; durch die Wilhelmstraße bis zum Fleinerthor
beträgt das Gefälle 1 : 38; von dem Fleinerthor bis zur Deutschhaus=
straße ist die Neigung sehr stark, nämlich 1 : 25; durch die Stadt bis
zur Dammstraße, wo sie mit dem bereits erwähnten Sturmauslasse in
Verbindung steht und 40 Meter oftwärts das obere System aufnimmt,
beträgt das Gefälle 1 : 500; über diesen Punkt hinaus ist es 1 : 150
und das Profil 1,26 × 0,84 m.; das Profil in der Stadt ist
1,05 : 0,70 m.

Eine vierte Linie (90 $\times$ 60 und 105 $\times$ 70 cm.), welche zugleich die Spüllinie für den oberen Theil der Altstadt bildet, beginnt
an der Hohenstraße und wird die obere und untere Alleestraße entlang,
durch die Thurmstraße zum Süllmerthor geführt, wo sie sich mit Linie
Nr. III. vereinigt. Das Gefälle wechselt von 2,11 % am oberen,
bis zu 1 : 160 und 1 : 500 am unteren Ende.

Linie
Nr. IV.

Die fünfte Canallinie ist zum Hauptcanal für den ganzen, auf
dem linken Ufer gelegenen, zur Bebauung vorgesehenen Distrikt bestimmt. Sie beginnt mit einem Spüleinlasse des Neckars an dem projectirten Kreuzungspunkte der Ringbahn gegenüber dem am rechten
Ufer befindlichen Neckarhalde-Flüßle oder 450 m. südwestlich von der
Papierfabrik von Zech & Co., zieht sich auf eine kurze Strecke durch
die Babstraße und demnächst durch die hinter dem Holzgarten vorgesehenen neuen Straßen, bis sie die Frankfurterstraße östlich des Schieß-
hauses erreicht; durch den östlichen Theil dieser Straße geführt, kreuzt
sie die mit dem alten Bahnhof in Verbindung stehenden Geleise und
folgt der Straße, welche unter der Heidelberger Bahn zum Winterhafen führt. Von hier wird sie hauptsächlich tunnelartig unter der
hohen Hafeneindämmung und der Eisenbahn her bis zur Biegung des
Weges am unteren Ende des Wilhelmscanals geführt, wo durch eine
Zweiglinie nach dem Neckar an der Mündung des Winterhafens ein
Nothauslaß hergestellt werden soll.

Linie Nr. V.
Hauptcanal
des linken
Ufers.

Die Absperrung dieses Nothauslasses geschieht durch einen
Schieber und eine Hängeklappe, welche in einem besonders dazu
zwischen dem Winterhafen und dem Wilhelmscanal zu erbauenden
Schachte angebracht werden.

Die weitere Fortsetzung der Linie wird aus einem 300 Meter
langen Dücker bestehen, der wie der Nothauslaß mit einer Absperrvor-
richtung versehen wird und unter der nördlichen Einmündung des Wilhelmscanals und der zwei Flußarme bis zur Vereinigung der projectirten Straßen nördlich von der rechtseitigen Ufereindämmung geführt
wird. Von hier aus bildet ein Canal entlang den dort projectirten
Straßen den Anschluß an den Haupt-Auslaßcanal am Viehweg.

Das Profil dieser Linie wird mit Ausnahme des Dückers
1,26 $\times$ 0,84 Meter betragen. Das Gefälle des oberen Endes soll
1 : 1200 sein, die mittlere Strecke bis zum alten Bahnhofe hat 1,055 %o
und 0,729 %o, von dort bis zum Dücker ist das Gefälle 1 : 1200; der
Dücker hat eine Steigung von 1 : 500 und die übrige Strecke nur eine
solche von 1 : 2000.

Ein Canal führt längs der Babstraße, hat einen provisorischen
Spüleinlaß bei der Zech'schen Papierfabrik und vereinigt sich mit der
Hauptlinie Nr. V. auf dem freien Platze vor dem Hôtel Eisenbahn.

Unterge-
ordnete
Flügellinie.

Eine Spüllinie (105 × 75 cm., Fall 1 : 1200) zweigt von Linie Nr. V. bei deren oberen Ende ab, führt durch die projectirte neue, mit der künftigen Ringbahn parallel laufenden Straße, die Frankfurterstraße durchschneidend, zum neuen Bahnhofe, an demselben vorbei in die Landthurmstraße und vereinigt sich an der nordöstlichen Ecke des alten Bahnhofs mit dem Hauptcanal des Distrikts.

Quer- oder Seitencanäle.

Die Quercanäle oder Seitenstränge, die zwischen den oben beschriebenen Haupt- oder Längenlinien liegen, sollen auf dem linken Ufer, theils aus Mauerwerk, theils aus Röhren bestehen, während hierfür auf dem rechten Ufer in dem unteren System größtentheils Röhren gebraucht werden können, da dort im Allgemeinen günstige Gefälle verfügbar sind. Der Fall dieser Zwischenlinien kann, besonders auf dem linken Ufer, dadurch verbessert werden, daß man das obere Ende eines jeden Seitenstranges, das mit einer Spüllinie in Verbindung steht, so weit hebt, daß von der zunächst gelegenen Spülthüre aus noch eine hinreichende Durchspülung stattfinden kann.

Krahnenstraße und Hefenweiler

Diese beiden kleinen Inseln mit einem Flächeninhalte von nur 340 Ar können entweder zeitweilig oder definitiv einen besonderen direkten Auslaß in den Neckar erhalten; sie können aber auch mit dem Düker in Verbindung gebracht werden, nur müssen sie dann bei besonders hohem Wasserstande, der sie inundirt, von jeder Verbindung mit dem Düker abgeschnitten werden, um eine Ueberfüllung der Hauptcanäle der unteren Distrikte durch die Sinkkästen und sonstige Einläffe zu vermeiden. Aus sanitären Gründen würde sich für ihre Entwässerung am Meisten eine Verbindung mit dem unteren System empfehlen, wie sie im Plane vorgesehen ist.

Ein Canal fängt im Hefenweiler bei einem unter der Brücke vorgesehenen Spüleinlasse an und zieht sich zwischen den Häusern durch, bis er mit einer anderen Abzweigung, die ebenfalls von einem Spüleinlasse weiter nördlich herkommt, vereint, vermittelst eines eisernen Dükers den Floßcanal kreuzt und die Krahnenstraße entlang bis zum großen Düker oder dem provisorischen Auslasse am unteren Ende des Wilhelmscanals geführt wird. Eine andere Linie kommt die Brückenmühlstraße herab durch den Mühlhof und die Straße hinter der Krahnenstraße und mündet in die letztere 80 Meter südöstlich von der Eisenbahn ein.

Die Gefälle betragen 1 : 250 und 1 : 266, die Größe der Rohre 38 resp. 30 cm.

Die Canäle dieses ganzen unteren Systems auf beiden Ufern sind auf dem Plane mit einfachen und doppelten blauen Linien bezeichnet, mit Ausnahme derjenigen Strecken, die aus Röhren bestehen können; diese sind durch gelbe Linien angedeutet.

Die oberen Systeme.

Die Bodenbildung des oberen Distriktes ist von einer derartigen Beschaffenheit, daß man drei gesonderte Bezirke unterscheiden muß, die, wenn bei starkem Regenfall und Hochwasser vom unteren Systeme losgelöst, jeder seinen besonderen Nothauslaß haben muß.

Betrachtet man diesen Distrikt soweit als die Ausdehnung des neuen Alignement reicht, so umfaßt der östliche obere Bezirk ein Areal von 20629 Ar, während der Flächenraum des südlichen oberen Systems, das vom Rosenberg bis zur Zuckerfabrik und vom Neckar bis zur Wilhelmstraße reicht, 4534 Ar beträgt; das dritte obere System, das noch etwas mehr südlich liegt und die neuen projectirten Straßen in der Niederung des Neckarhalben-Flüßles umschließt, hat nur ein Gebiet von 2728 Ar.

(a). Das östliche obere System.

Obwohl die oberen mit den unteren Systemen zu gewöhnlichen Zeiten gemeinsame Hauptcanäle haben, so ist es doch nöthig, bei den Höhebestimmungen der oberen Systeme auf die Wahl der Punkte für die Anlage solcher Ausmündungen Rücksicht zu nehmen, die bei der Abtrennung der oberen von den unteren Systemen während Hochwassers und starken Regen erforderlich werden. *(Gemeinschaftliche Hauptcanäle.)*

Der Schäuffelen'sche Mühlbach bei der Eisenbahnbrücke, unterhalb der Sommerbadanstalt, ist der nächste verwendbare Punkt für einen Noth- oder Sturmauslaß für die oberen Distrikte, da der Abstand von dem unteren Hauptcanal nur 170 m. beträgt und da das Wasser des Neckars bei Hochfluthen von dem Durchgang durch die Schäuffelen'sche Fabrik abgeschlossen ist, gewährt dieser Punkt ferner den besonderen Vortheil, daß er durch die kleine Bleichinsel, die sich über ihn hinaus erstreckt, eine derartig geschützte Lage erhält, daß der Wasserstand des Bachs bei solchen Gelegenheiten an der gewählten Stelle der gleiche ist, wie der des Neckars weiter abwärts am untern Ende der Insel. Es würde also durch die Weiterführung des Canals kein erheblicher Vortheil erzielt werden, es sei denn, daß man ihn 500 m. weiter bis zu einem dem Langholzhafen gegenüber gelegenen Punkte fortsetzen wolle. *(Nothauslaß.)*

Da ein derartiger Auslaß die Bestimmung hat, die Hauptcanäle bei Platzregen vor Ueberfüllung zu schützen und auch bei Hochwasser das untere System von dem Wasser des oberen Systems zu entlasten, so ist ersichtlich, daß bevor er in Thätigkeit treten kann, die Canäle nicht nur vorher rein ausgespült worden sind, sondern daß auch das geringe Quantum Verbrauchswasser, welches gleichzeitig abgeführt wird, derartig verdünnt ist, daß factisch nur Meteorwasser in den Fluß gelangt. Es kann daher selbst bei dem niedrigsten Sommerwasserstand eine irgendwie nennenswerthe Verunreinigung des Flusses durch die Sturmausläſſe nicht eintreten, während bei Hochwasſer der Neckar ſelbſt im höchſten Grade mit ſuspendirten Subſtanzen geſchwängert iſt. Ich halte es daher einſtweilen für unnöthig, dieſen Auslaß an eine weiter unterhalb der Stadt gelegene Stelle zu verlegen. Er ſichert einen freien Abfluß für die Canäle des ganzen oberen öſtlichen Syſtems, ohne daß die Kellerentwäſſerung bei allen Hochfluthen bis einſchließlich des höchſten bekannten Waſſerſtandes von 1824 eine Unterbrechung zu erleiden hätte, mit Ausnahme ſolcher Keller, die vielleicht in der unteren Dammſtraße unter dieſem Niveau liegen; ſollten dieſe mit dem Canal verbunden werden, ſo würde für ſie eine Abſchlußvorrichtung nöthig ſein.

Richtung
der Canäle. Vor dem Nothausláſſe an der Eiſenbahnbrücke führt der Canal quer durch die anliegenden Gärten nach der unteren Dammſtraße und kreuzt den unteren Hauptcanal der Altſtadt vermittelſt eines Dückers.

Eine Verbindung dieſes Hauptcanals mit dem Nothauslaſſe iſt ebenfalls hergeſtellt, ſowohl zu Sturmauslaßzwecken, wie auch zum Zwecke eines einſtweiligen Auslaſſes beim Beginn der Arbeiten, worüber ſpäter Näheres. Am oberen Ende des Dückers ſteht die Dammſtraße in Verbindung mit einer Abzweigung des vorerwähnten Hauptcanals durch welche in gewöhnlichen Zeiten die Entwäſſerung ſtattfindet. Dieſe beiden Verbindungsarme ſind mit den nöthigen Schiebervorrichtungen verſehen, um je nach Bedürfniß die betreffenden Linien ſchließen oder öffnen zu können. Der Canal zieht ſich dann die Dammſtraße entlang; an dem Kreuzpunkte der Paulinenſtraße kehren ähnliche Vorrichtungen wie die beſchriebenen wieder, mit der einzigen Ausnahme, daß die Terrainverhältniſſe geſtatten, von einem Dücker Abſtand zu nehmen, da der Sturmauslaßcanal des höher gelegenen Syſtems über diejenige Linie geführt iſt, die man im Gegenſatze zur unteren Canallinie die „mittlere" nennen kann, und die in der unteren Dammſtraße mit dem Nothauslaß in Verbindung geſetzt iſt, während die Bergwaſſerlinie in der oberen Dammſtraße als eigentlicher Hauptcanal für das öſtliche obere Syſtem beginnt und durch eine nach der Paulinenſtraße führende Abzweigung mit der bereits als die mittlere bezeichnete definitiven Hauptauslaßlinie Nr. III. verbunden iſt. Dieſe Punkte ſind mit ähnlichen Schiebervorrichtungen verſehen, wie die bereits erwähnten an dem Kreuzungspunkte mit der unterſten Linie Nr. I. Die Fortſetzung des Canals biegt dann ſüdwärts ab, die Nordbergſtraße entlang, durchſchneidet die Weinsbergerſtraße nach der Allee hin, verfolgt letztere bis zu ihrem ſüdlichen Ende und zieht ſich durch eine projectirte Straße öſtlich vom Wollmarkt die Cäcilienſtraße und die verlängerte Wilhelmſtraße oder Kleinerweg bis zur neuen Straße, ſüdlich der Cichorien-

— 29 —

Fabrik; die letztere Strecke soll als Spülsammelcanal für die Aufnahme des Condensations-Wassers der Cichorienfabrik dienen, das gegenwärtig in entgegengesetzter Richtung nach dem Neckarhalde-Flüßle abläuft.

Oestlich von dieser Linie, die das ganze Bergwasser des um= **Spüllinien.** gebenden Hochlandes von der Altstadt abschneidet, liegt der ausgedehnte **(Nördliche** Complex der projektirten neuen Straßen, deren Canalnetz, soweit ihr **Abtheilung.)** Nivellement bestimmt, auf dem Plane sorgfältig ausgearbeitet ist.

Eine Spüllinie, um so viele dieser neuen Straßen zu beherrschen, als von dem augenblicklich am meisten zugänglichen höchst gelegenen Punkte des Pfühlbachs aus erreicht werden können, beginnt bei dem Kreuzungspunkte der Eisenbahn und des Pfühlwegs und läuft den neu aliguirten Pfühlweg entlang bis zur Riesenstraße, wo er sich in zwei Arme, einen südlichen und einen nördlichen spaltet; der südliche Strang führt zur verlängerten Karlsstraße und diese entlang bis zur Allee= straße, wo er sich mit der beschriebenen Hauptlinie dieses Systems vereinigt; die nördliche Abzweigung verfolgt die Richtung der bogen= förmigen Verlängerung der Riesen= und Sichererstraße bis zur Nord= bergerstraße, der entlang führend er sich südwärts wendet, bis er an der Ecke der Dammstraße sich an die Hauptlinie anschließt.

Für die südliche Abtheilung dieses Systems zieht eine Spüllinie **Südliche** den Steinweg entlang und vereinigt sich an der Ecke der Cäcilienstraße **Abtheilung** mit der Hauptlinie, welche östlich am Wollmarkt vorbeiführt. Von dem Kreuzungspunkte der projectirten Ringbahn und des Steinwegs 300 m. südöstlich vom Zellengefängnisse, geht ein anderer Strang west= lich die projectirte neue Straße Nr. XVII. entlang und vereinigt sich bei der Cichorienfabrik mit dem Spülsammelcanal im Fleinerweg.

Von demselben Punkte, den man als Scheitelpunkt bezeichnen kann, führt eine weitere Linie nördlich die Riesenstraße entlang und vereinigt sich mit dem bereits beschriebenen Canal der verlängerten Karlsstraße. Diese Linie beherrscht demnach das gesammte neue Bau= terrain und alle bestehenden Straßen, die westlich bis zu der durch die Allee laufenden Hauptlinien liegen.

(b.) Das südliche obere System.

Dieser Distrikt umfaßt in östlicher Richtung denjenigen Theil des Neckarhalde = Flüßle = Thales, der sich vom Fleinerweg über den Buschenwiesen= und Staufenbergweg bis zum Steinweg erstreckt und westlich denjenigen Theil der Vorstadt, der östlich vom Fleinerweg, südlich von der Zuckerfabrik, westlich vom Neckar und nördlich von dem Rosenberg, der Berg= und Cäcilienstraße begrenzt wird.

Da das Nivellement für die neue Straße zwischen Steinweg und Fleinerweg noch nicht definitiv festgestellt ist, so ist einstweilen das Gefälle für eine Canallinie dort nicht ausgearbeitet worden; doch würde

die Hauptlinie für diesen Distrikt beim Steinweg beginnen, ihn entlang führen und das Neckarhalde=Flüßle beim Kreuzungspunkte für
Spülzwecke aufnehmen. Beim Fleinerweg würde der Canal die nördliche Richtung desselben verfolgen bis zur neuen nach Westen führenden
Straße, wo eine Verbindung zwischen ihm und dem Spülsammelcanal
bei der Cichorienfabrik hergestellt wird. Dann würde er durch die vorerwähnte neue Straße bis zur Zuckerfabrik und von dort einstweilen
durch die äußere und innere Rosenbergstraße bis zum Götzenthurm geführt werden. Später nach Anlage der neuen Straße, welche die
Fortsetzung der oberen Neckarstraße entlang dem Ufer bilden wird, soll
ein Canal an der Zuckerfabrik vorbei und jene Straße entlang bis zum
Götzenthurm den vollständigen Ausbau dieses Systems ermöglichen.
Diese Canäle werden sich an der Ecke der Allerheiligengasse der Hauptlinie Nr. I. des unteren Systems anschließen und mit einem Nothauslaß in den Neckar und ähnlichen Schieber=Vorrichtungen wie für das
östliche obere System bereits beschrieben, versehen sein.

Eine weitere Verbindung mit dem Spülsammelcanal des Fleiner-
wegs läßt sich durch die Verlängerung des Canals in der Richtung
der projectirten neuen Straße Nr. XVII. und noch eine durch die
Cäcilien= und Bergstraße herstellen.

(c.) Das zweite südliche obere System.

Das westlich vom Fleinerweg gelegene Thal des Neckarhalde-
Flüßle, auf dessem rechten oder nördlichen Abhange die Hauptgebäude
der Zuckerfabrik liegen, während seine Mitte und seine südliche Ab-
flachung für neue Straßenanlagen in Aussicht genommen ist, muß,
wenn es einmal bebaut wird, entweder einen besonderen Auslaß in den
oberen Neckar bekommen oder durch einen eisernen Dücker unter dem
Neckar her mit dem unteren System des linken Ufers, in Verbindung
gesetzt werden. In letzterem Falle muß auf dem rechten Ufer, wie in
dem Plane verzeichnet, ein Nothauslaß mit den dazu gehörigen Vorrichtungen angebracht werden.

Anders jedoch würde es sich verhalten, wenn nach definitiver
Feststellung des Nivellements für die Straßen und die Uferlinie sich
herausstellen sollte, daß die Verwendung eines Dückers am unteren
Ende des Thals vorzuziehen sei, der eine Verbindung mit dem ersten
südlichen oberen Systeme herstellen, gleichzeitig sämmtliche damit zu-
sammenhängende Straßen entwässern und billiger zu beschaffen sein
würde als der vorerwähnte Neckarübergang. —

In Ermangelung der Höhenbestimmungen für die projectirten
Straßenanlagen ist von einer endlichen Feststellung des Gefälles der
einzelnen Canalstrecken Abstand genommen worden. Gleichwohl ist

ihre Anordnung im Allgemeinen so viel wie möglich nach dem von mir veranlaßten Terrain-Nivellement entworfen und im Plane angedeutet. Größe und Gefälle der Canäle dieser Distrikte wird sich am besten aus einer Einsicht des Planes ergeben. Im Allgemeinen ist das Gefälle der Hauptlinien ein gutes; Ausnahmen bilden nur eine Strecke des Hauptcanales in der Allee, vom Aktiengarten bis zur Ecke der Nordberger- und der Dammstraße, die einen Fall von 1 : 800 und die Spüllinie vom Neckarhalde-Flüßle an, den Kleinerweg und die neue Straße bis zur Zuckerfabrik entlang, die nur ein Gefälle von 1 : 1000 hat. Für beide ist eine ihren Verhältnissen entsprechende Größe vor- gesehen; erstere wird vollständig durch die verschiedenen Spüleinrich- tungen beherrscht, wogegen letztere mehr als Spülsammelcanal für das südliche obere System behandelt ist.

Auf dem Plane sind die Canäle der drei oberen Systeme nicht durch besondere Farben von einander unterschieden, sondern nur mit einfachen und doppelten rothen Linien bezeichnet. Strecken, die aus Röhren bestehen sollen, sind wie in den unteren Systemen durch gelbe Linien angedeutet.

Spüleinrichtungen.

In der allgemeinen Beschreibung der Canäle mußte bereits der einzelnen Spüleinlässe und Spüllinien Erwähnung geschehen. Es soll jetzt eine kurze Schilderung ihrer Einrichtungen folgen, aus der sich eine Uebersicht über ihren Charakter und ihre Wirksamkeit in dem für Heilbronn vorgeschlagenen Canalsystem gewinnen läßt.

Vier Spüleinlässe sollen direkt vom Neckar ausgehen, einer auf dem rechten und drei auf dem linken Ufer; zwei von den letzteren sind von untergeordneter Bedeutung, indem sie nur für die Spülung der Rohrstränge des Hefenweilers und der Krahnenstraße bestimmt sind. Die Sohlen der Canäle an den Spüleinlässen sind so gelegt, daß vom oberen Neckar, selbst bei dem niedrigst bekannten Wasserstand, zu jeder Zeit nach Wunsch Wasser entnommen und ein Strom durch die Canäle gelassen werden kann.

Die Vorrichtung mittelst welcher das Einlassen dieses Wassers geschieht, besteht aus einem Schieber und einer Hängeklappe, welche gegen Hochwasser den nöthigen Schutz bieten und in einem dazu am Ufer erbauten Schacht angebracht sind. Die Einmündung zwischen Schieber und Ufermauer hat eine glockenförmige Gestalt und ist durch ein Gitter gegen das Eindringen schädlicher Gegenstände verwahrt.

Der Hauptspüleinlaß des linken Ufers beherrscht diesen ganzen Distrikt mit Ausnahme des Hefenweilers und der Krahnenstraße und kann vermittelst desselben und der an geeigneten Stellen anzubringenden

[Randglosse rechts:] Gefälle und Größe der Canäle der oberen Systeme.

[Randglosse rechts:] Spül-Einläße, direct vom Neckar.

Spülung
durch
Verbrauchs-
waffer.

Außerdem haben die Nebenstränge in der Altstadt und die Canäle der oberen Distrikte ein derartiges Gefälle, daß sie durch Aufstauen des Canalwaffers bis zur Kempferhöhe der Canäle vermittelst der in paf-

Spül-
thüren.

senden Zwischenräumen angebrachten Spülthüren und plötzliches Los-lassen dieses Canalwaffers rein gespült werden können.

Seiten-
linien.

In Verbindung mit dieser Einrichtung muß das obere Ende der Seitenlinien mit einem sogenannten Handschieber versehen werden, um eine Stauung des Waffers in den Spüllinien bewirken und durch Deffnung des Schiebers die Röhren und Seitenlinien selbst mit dem aufgestauten Waffer durchspülen zu können.

Längen-
linien.

Die Längenlinien können ebenfalls auf diese Weise von der zu-nächst über ihnen gelegenen Linie ausgereinigt und das Waffer der oberen Distrikte zur Spülung der unteren benutzt werden.

Profil und Größe der Canäle.

Quer-
schnitts-
form.

Ich habe die Eiform für alle Canäle, die in ihrer Größe über die gewöhnlichen Dimensionen der Röhren hinausgehen, aus dem be-kannten Grunde gewählt, daß diese Form da wo das Meteorwaffer ganz oder theilweise mit abgeführt werden soll, durch ihre verengte Sohle, beim Minimalwafferlauf zu gewöhnlichen Zeiten, die Vortheile eines Rohrcanals bietet, während durch den erweiterten oberen Theil für das Meteorwaffer gesorgt ist.

Ein eiförmiger Canal ist bekanntlich durch seine spitze Sohle und die dadurch gesteigerte Tiefe des durchfließenden Waffers bei einem Minimallauf mit weniger Waffer und einer geringeren Spülung rein zu halten, als ein runder Canal von gleich großem Querschnitt. Die runde Form findet daher nur bei Canälen von kleinem Durchmeffer Verwendung und diese sind aus vorher gefertigten Röhren in der Bau-grube leicht herzustellen.

Ausnahmen hiervon bilden nur die kurze definitive Auslaßstrecke des Canals, die Nothauslässe, der Dücker unter dem Neckar und die Spüleinlässe, weil aus verschiedenen Gründen die Rundform trotz der Größe in diesen Fällen die geeignetste ist.

In England werden auch kleinere Röhren eiförmig fabricirt; ihre Verlegung ist aber eine ziemlich umständliche, indem bei ihnen namentlich das Versetzen, sowie nachträgliche Einfügen seitlicher Ver-bindungen weit größere Genauigkeit erfordert und schwieriger ist, als bei runden Röhren, außerdem sind die Vorzüge dieser Form für solche Durchmeffer von mehr theoretischem als praktischem Werthe und nicht hinreichend, die erhöhten Kosten zu rechtfertigen.

Abzufüh-
rende Waf-
fermenge.

Bei der Bestimmung der Größe von Canälen, die wie in dem vorliegenden Falle, und bei den meisten Schwemmsystemen bestimmt sind, einen solchen Theil des Meteorwassers abzuführen, daß hinreichende Sicherheit gegen Ueberschwemmung der Straßen und Ueberfüllung der Canäle geboten wird, muß die Menge des Regenfalles, für dessen Fortschaffung gesorgt werden soll, einer sorgfältigen Erwägung unterzogen werden.

Die zukünftige Wasserversorgung für einen so weit ausgedehnten Distrikt, wie das neue Alignement ihn in Aussicht nimmt, muß gleichfalls berücksichtigt werden.

Die Grundfläche der Stadt Heilbronn einschließlich derjenigen neuen Straßen, die noch nicht vollständig ausgebaut sind, beträgt 17861 Ar und die Einwohnerzahl auf dieser Fläche rund 20,000.

Mit der projectirten Erweiterung wird das Areal der Stadt 44198 Ar ausmachen und wird man daher mindestens eine Einwohnerzahl von 50,000 bei Projectirung der neuen Canäle in Aussicht nehmen müssen.

Nimmt man nun für eine derartige Einwohnerzahl einen Wasserverbrauch zu 120 Liter per Kopf und $^1/_{10}$ dieser Quantität als das Maximum per Stunde an, so kann man 0,10416 Cubikmeter pro Secunde als das Maximum des fortzuschaffenden Verbrauchswassers annehmen.

Die Württembergischen Jahrbücher für Statistik und Landeskunde für 1871, welche der Herr Oberbürgermeister Wüst die Güte hatte, mir zu übersenden, als ich mich nach den Niederschlägen für Heilbronn erkundigte, geben an, daß in genanntem Jahre der größte Regenfall innerhalb 24 Stunden am 22. und 23. Januar stattfand und 23 Pariser Linien = 51,86 mm. oder 2,16 mm. pro Stunde erreichte.

Ich habe keine näheren Angaben darüber erhalten können, welches Quantum eines derartigen Niederschlags von den Heilbronner Dohlen in gleichem Zeitraum abgeführt worden ist; ich glaube aber, daß ich nicht fehl gehen werde, wenn ich voraussetze, daß ein Drittel des Niederschlags die Canäle während der Dauer des Regens erreicht. Das Uebrige verdunstet oder wird vom Erdboden aufgesogen, während bei größeren Distrikten, gleich dem vorliegenden und namentlich bei vorübergehenden Gewitterregen, ein großer Theil die Canäle, resp. den Hauptauslaßcanal erst lange nach Aufhören des Regens erreicht. (In meinem Bericht über die Canalisirung Stuttgarts habe ich diesen Gegenstand eingehender behandelt.)

Wenn der oben erwähnte größere Regenfall als gleichmäßig auf die 24 Stunden vertheilt betrachtet werden kann, dann würde das zu berücksichtigende Regenquantum $\frac{2,16 \text{ mm.}}{3}$ = 0,72 mm. per Stunde betragen.

Er kann aber auch in weniger als 24 Stunden gefallen fein, wodurch sich natürlich die Sache ganz anders gestalten würde. Ich bin überzeugt, daß die während meiner Anwesenheit in Heilbronn gefallenen Regen schwerer waren als die vorerwähnten, indem dieselben die Schäfergasse und Keller in dieser Straße unter Wasser setzten und später den Neckar derart anschwellten, daß er die untersten Stadttheile überschwemmte.*)

Außerdem darf man annehmen, daß hier wie anderswo Platz- und Gewitterregen von größeren Dimensionen als die beschriebenen vorkommen; für diese muß daher soweit thunlich, durch Sturm- oder Nothausläſſe, wie solche bereits beschrieben sind, Vorsorge getroffen werden.

Ich bin der Ansicht, daß bei Bestimmung der Größe des Hauptauslaßcanals für Heilbronn es für gewöhnliche Fälle ausreichen wird, den Abfluß des Meteorwassers im Betrage von 1 Württembergischen Zoll pro 24 Stunden oder etwas mehr als 1 mm. pro Stunde und das bereits erwähnte Verbrauchswasserquantum von 0,10416 Cubikmeter pro Stunde zu berücksichtigen.

Der ganze in Betracht kommende Entwässerungs-Distrikt hat nachfolgenden Flächeninhalt:

Unteres System.

Linkes Ufer.

Frankfurter Straßen-Distrikt geht bis zur projectirten neuen Ufereinbämmung		**)4815 Ar
Hälfte der Hefenweiler Insel (die andere Hälfte fließt birekt in den Neckar und Floßcanal).		41 „
Dreiviertel des Krahnenstraßen-Distrikts (das andere Viertel fließt birekt in den Neckar.)		194 „
Ein Drittel der Bleichinsel (das übrige fließt birekt in den Neckar.)		144 „
Rechtes Ufer.		
Klein-Neulein.		2346 „
Altstadt und in nördlicher Richtung des Terrains bis zur Eisenbahn	6036	
Nördlich der Eisenbahn	2531	8567 „
		16107 Ar
Obere Systeme.		
Untere Dammstraße		112 Ar
Oestliches oberes System		19339 „
Dazu gehörig, nördlich der Bahn		1378 „
	Transport	20829 Ar

*) Ich habe mich bemüht, das bei dieser Gelegenheit gefallene Regenquantum zu ermitteln, konnte jedoch keine Angaben barüber erhalten.
**) Nur das Gebiet, welches den Canälen wirklich Wasser zuführt.

Südliches oberes System I.
  „   „   „   II.
Zu entwässernde Gesammtfläche

Transport 20629 Ar
           4534 „
           2728 „
          44198 Ar

Für den Hauptcanal des linken Ufers halte ich es für rathsam, die geringste begehbare Größe zu wählen, nämlich 1,26 × 0,84 und ist daher für den Sturmauslaß am Winterhafen die entsprechende Größe festgesetzt.

Schließt man das eigentliche linke Ufer vom rechten Ufer beim Dücker ab, so kann obiger Canal vermittelst seines Sturmauslasses einen Niederschlag von 4,39 mm. pro Stunde bewältigen.

Bei lang anhaltenden Regen oder heftigen Gewitterschauern ist es in der Regel geboten, die Nothausläffe in Thätigkeit zu setzen; folgt dann aber noch während des Regens ein Austreten des Neckars, so könnten sich durch die Sturmausläffe beider Ufer die anschließenden Canäle der unteren Stadtbezirke so hoch anfüllen, daß das Wasser über dem Niveau des unteren Neckars stünde, so daß von einer Kellerentwässerung nicht mehr die Rede sein würde und die unteren Auslaßcanäle auch mit Neckarwasser überfüllt wären. *Noth-auslässe.*

Beide unteren Linien müssen daher zu solchen Zeiten von jeder Verbindung mit diesen Ausläffen und den oberen Systemen abgeschlossen werden. Es wird daher wichtig sein zu wissen, bis zu welchem Grade der Hauptauslaßcanal von dem schon constatirt ist, daß er über 1 mm. Niederschlag pro Stunde von dem ganzen Distrikte abzuführen vermag, zu solchen Zeiten Sicherheit gegen die Ueberfüllung der Canäle der beiden unteren Systeme bieten würde, die mit einander in Verbindung stehen und dann nur einen gemeinsamen Auslaß haben. *Trennung der unteren Systeme von den Nothaus-läffen bei Hochwasser.*

Diese beiden Systeme bedecken eine Fläche von 16107 Ar; 1 mm. Niederschlag pro Stunde würde demnach 0,4474 Cubicmeter pro Secunde repräsentiren; da nun der Auslaßcanal im Stande ist, 1,569 Cubicmeter pro Secunde abzuführen, so würde für diese beiden unteren Systeme Sicherheit bis zu einem Niederschlagsquantum von 3½ mm. pro Stunde geboten sein, welches unter der Annahme, daß nur ein Drittel gleichzeitig in die Canäle gelangt, einem Regenfall von 10½ mm. pro Stunde gleichkommen würde. Niederschläge, von einem Umfange wie diese, kommen jedoch nur selten vor; auch wird erst, wenn das hier einbegriffene ausgedehnte Areal bebaut sein wird, davon die Rede sein können, daß ein Drittel des Regens in die Canäle gelangt; aber selbst in diesem Falle wird die Zahl noch hoch gegriffen sein, da das Terrain dieser beiden Systeme sehr flach ist und nur einen langsameren Zufluß, als in den höher gelegenen Stadttheilen verstattet, so daß in der That hier für einen noch größeren Niederschlag gesorgt ist. *Thätigkeit der Haupt-canäle der unteren Systeme, wenn ge-trennt von den oberen.*

Die oberen Systeme sind durch die Hauptlängenlinien derart abgetheilt, daß sie bei außerordentlichem Regenfall durch die Sturm= auslässe entlastet werden; die Seitenlinien und Röhrenstränge haben eine genügende Größe, um allen denkbaren Anforderungen zu entsprechen. Größe und Gefälle der Canäle sind in dem Plane vollständig eingezeichnet, ihre Construction ist im Nachfolgenden eingehender be= schrieben, auch finden sich nähere Angaben im Kostenanschlag und in den Detailzeichnungen. Der Größe nach lassen sie sich in folgende Classen theilen:

Classe I. 1,82 × 1,20 Mtr. eiförmig (auf eine Strecke von 314 Mtr.)
„ II. 1,50 × 1,00 „
„ III. 1,26 × 0,84 „
„ IV. 1,20 rund (auf eine Strecke von 511 Mtr.)
„ IVa und ⎱ 0,80 Mtr.
„ IVb ⎰ 0,70 „ rund, (kurze Sturmauslässe und Dücker.)
„ V. 1,05 × 0,70 Mtr. eiförmig,
„ VI. 0,90 × 0,60 „ „
„ VII. 0,75 × 0,50 „ „
„ VIII. 38 cm. Rohrcanal
„ IX. 30 „ „
„ X. 23 „ „
„ XI. 15 „ „ (Sinkkastenstränge.)

Baumaterial, Construction und bauliche Details.

In der Nähe Heilbronn's findet sich hinreichender Lehmboden zur Fabrication von Backsteinen, die ein passendes Material für die Ausführung der in Vorschlag gebrachten Art der Canäle abgeben würden. Es befinden sich sogar in der Stadt Ziegeleien, die gute Muster von Backsteinen liefern, wenn auch nicht bis zu der Qualität hinauf, die für Canalanlagen erforderlich ist. Diese Ziegeleien sind jedoch in ihren jetzigen Dimensionen nicht für die Fabrication so großer Quantitäten eingerichtet, wie sie die Canalisation Heilbronn's erfordern würde, wenn sie als ein Ganzes in einem kurzen Zeitraum ausgeführt werden soll; allein ich bezweifle nicht, daß sobald größere Quantitäten und bessere Qualität von Steinen gefordert werden, die dortige Fabrication sich den größeren Anforderungen auch anbequemen wird.

In Böckingen existirt bereits eine Ziegelfabrik, die mit Maschinen arbeitet und größere Quantitäten zu liefern vermag, da man indeß dort an den Schwierigkeiten einer stark mit Kalk durchzogenen Thonschicht leidet, so wird dennoch die Herstellung einer geeigneten Qualität von Backsteinen mit nicht unerheblichen Kosten verknüpft sein. Die dortige

Gesellschaft läßt gegenwärtig die kalkhaltigen Steine vom ganzen Brand in der Art ausscheiden, daß sämmtliche Backsteine in Behältern unter Wasser gesetzt und dann diejenigen ausgesucht werden, die sich als kalk= frei erwiesen haben, oder die ohne den Stein zu verletzen von den Kalk= bestandtheilen haben befreit werden können. Da die Steine durch Maschinen fabricirt und in einem Ringofen gebrannt werden, so sind sie gut geformt und gebrannt, und wenn in der angegeben Weise aus= gelesen, auch von guter Qualität.

Selbst für den Fall, daß es schwierig sein sollte, die gewünschte Qualität von Steinen aus der Nähe zu erhalten, so würden einige Mehrkosten für ihren Bezug von einem entfernteren Orte gegen die Wichtigkeit, das für den Zweck geeignetste Material zu erhalten, voraussichtlich wenig in Anschlag kommen.

Da nun auch in der Baugrube geformte Betoncanäle immer guten Backsteincanälen nachstehen, wie z. B. die Dohle in der Schul= gasse in Heilbronn und die in Stuttgart erbauten Betoncanäle zur Genüge erweisen, so bin ich der Ansicht, daß wo wegen der Dimensionen der Gebrauch von Röhren auszuschließen ist, Backsteine das beste und zugleich das billigste und dauerhafteste Material für die Herstellung der Canäle Heilbronn's bilden wird. Bei Canälen, welche mindestens zwei Ringe (von je 12 cm.) Mauerwerk erfordern, würde ich jedoch aus öconomischen Rücksichten vorschlagen für den äußeren Ring Beton zu verwenden, wo die Natur des Bodens seine Anwendung verstattet, da unter diesen Umständen eine geringere Qualität, als wenn der ganze Canal aus Beton bestünde, genommen und so eine Ersparniß hinsicht= lich des Kostenpunktes herbeigeführt werden könnte.

Das dauerhafteste Material, welches für die Sohlstücke der Canäle gewählt werden kann, ist Steingut, das an der inneren Fläche mit einer Salzglasur versehen, die Vortheile, welche die Eiform für die Selbst= spülung gewährt, noch erhöht und überhaupt eine reinere Spülung er= möglicht. Die einzelnen Blöcke, aus denen die Sohlenstücke bestehen, sind mit einer Lippe oder Muffe versehen, welche eine continuirliche dichte Zusammenfügung befördert und beim Legen selbst große Vortheile anderen Formen gegenüber gewährt, besonders auf Strecken, wo man mit Grundwasser zu kämpfen hat.

Geeigneter Sandstein von harter Beschaffenheit wird ebenfalls zu genanntem Zwecke verwendet; neuerdings sind auch in eisernen Formen gegossene Cementblöcke eingeführt worden und wird es wesent= lich von dem Kostenpunkt abhängen, welchem dieser Materialien man schließlich den Vorzug gibt.

Das Gefälle ist im Allgemeinen kein derartiges, daß eine ordent= liche Sandsteinsohle zu Befürchtungen hinsichtlich der Reibungsthätig= keit des Canalwassers Anlaß gäbe, wie es wohl bei zu starkem Gefälle

Marginal notes:
Zu der Baugrube geformte Betoncanäle. — Backsteine zu em= pfehlen. — Canäle mit innerer Backstein= und äußerer Beton= wandung. — Sohlstücke.

ber Fall sein könnte. Sohlstücke, welche aus Cement und Backsteinen in Holzkästen geformt sind, werden auch häufig verwendet; alle diese massiven Blöcke werden jedoch nur da mit befriedigendem Resultat ge- braucht, wo man es nicht mit Wasser zu thun hat.

Fabricirte Cement-canäle. Ein großer Fortschritt ist in der letzten Zeit in der Fabrication von eiförmigen Canälen aus Portland-Cement gemacht worden, die ganz oder in Stücken in der Baugrube versetzt werden; diese Cementcanäle werden mit einer besonders glatten Innenfläche, wie sie bei in der Bau- grube geformten Canälen nicht erreichbar ist, angefertigt; ich habe in- deß gefunden, daß sie hinsichtlich des Kostenpunktes in der Regel nicht mit Mauerwerk koncurriren können.

Röhren. Röhren aus Steingut bis zum größten Durchmesser, wie sie für Heilbronn in Vorschlag gebracht sind, nämlich bis zu 38 cm. werden sich aller Wahrscheinlichkeit nach als die billigsten herausstellen, während die Eigenschaften des Steinguts hinsichtlich seiner Dauerhaftigkeit be- kannt sind. Seit einiger Zeit sind Cementröhren bei Canal- und Wasser- werken in Aufnahme gekommen; sie haben zwar die lange Erfahrung des Steingutes nicht für sich; dürften sich aber für die Dimensionen über 38 cm. hinaus wahrscheinlich billiger stellen. Sollten die Preise bei einigen Dimensionen von Cement und Steingutröhren die gleichen sein, so würde ich in einem solchen Falle dem Steingut den Vorzug geben.

Combinir-ter Hand-schieber und Ventila-tionsschacht. Wie unter Spülung bereits zum Theil erwähnt worden ist, werden an zweckentsprechenden Stellen die Hauptcanäle mit Spülthüren, die Seitencanäle mit Handschiebern und Hängeklappen zum Aufstauen und Loslassen des Verbrauchswassers zu Spülzwecken zu versehen sein.

Um die Spindel dieser Schieber und Hängeklappen, die am besten aus Eisen zu fertigen sind, in Bewegung setzen zu können, werden Schachte auf die Straßen geführt, die an ihrem oberen Ende mit einem Deckel versehen sind, der den Arbeitern den Zutritt zur Spindel ver- stattet. Vereint hiermit sind diese Schachte so eingerichtet, daß sie auch der Ventilation dienen, indem Deckel und Schacht mit den nöthigen Ventilationsvorrichtungen ausgerüstet sind.

Seiten-eingänge. Der Zutritt zu den Spülthüren ist ermöglicht durch einen Ein- steigeschacht auf dem Trottoir, der von seinem unteren Ende aus ver- mittelst eines Ganges mit dem Canal und der Spülthüre verbunden ist. Diese Einrichtung habe ich für empfehlenswerth gehalten, weil die genannten Punkte diejenigen sind, die von den mit dem Betrieb der Canäle betrauten Arbeitern am meisten besucht werden.

Der Einsteigschacht ist mit doppelten Deckeln versehen, welche in der Weise dem Arbeiter Zutritt zum Canal gestatten, daß der obere Deckel offen und in solcher Stellung belassen wird, daß er von Passanten nicht geschlossen werden kann, während die Oeffnung des Schachtes durch den zweiten Deckel, welcher aus einem Gitter besteht, geschlossen ist, den der Arbeiter hinter sich verriegelt und der von Anderen nicht ohne Schlüssel geöffnet werden kann. Der Gitterdeckel sichert dem Arbeiter eine noch bessere Lüftung der Canäle und des Ganges und das Publikum gegen die Gefahr eines offenen Schachtes.

Der obere Deckel kann ebenfalls nur mit einem Schlüssel ge= öffnet und aus seiner Lage gebracht werden. Es kann also weder Jemand nach dem Arbeiter in den Schacht gelangen, noch, so lange derselbe sich unten befindet, der obere Deckel geschlossen werden.

Würde man diese Schächte anstatt auf dem Trottoir auf der Straße anlegen, so wären damit große Unzuträglichkeiten verknüpft; denn dieselben werden, wie oben erwähnt, häufig benutzt und müssen dann für längere Zeit geöffnet bleiben. Es würde nothwendig sein, daß ein Mann an der Oeffnung Wache hielte und in engen Straßen wäre eine große Störung des Verkehrs nicht zu vermeiden. In dieser Hinsicht will ich nur an den Vorfall erinnern, der sich bei meiner ersten Besichtigung der alten Dohlen am oberen Ende der Schulgasse in Heilbronn ereignete. Trotzdem ein Arbeiter an der Oeffnung postirt war und den Fuhrmann eines Lastwagens warnte, fuhr der letztere zu, wodurch eines seiner Pferde mit einem Hinterbeine in den offenstehenden Schacht gerieth; sofort entstand ein Zusammenlauf und es kostete viele Mühe, bis das Pferd herausgearbeitet war, wenn auch glücklicherweise ein größeres Unglück verhütet wurde.

Ich habe die Einführung der Seitengänge hauptsächlich auf die= jenigen Punkte, wo Spülthüren angebracht sind und auf einige der belebteren Straßen und Plätze beschränkt, während an anderen Stellen directe Zugänge sogen. „Mannlöcher" von der Straße aus angebracht **Mannlöcher.** sind. Diese Mannlöcher sind mit starken gußeisernen Deckeln versehen, welch' letztere mit Creosot getränkten Holzklötzen belegt werden, um so wenig wie möglich von der eisernen Oberfläche, die durch den Verkehr geglättet und für die Hufe der Pferde gefährlich werden könnte, zu Tage treten zu lassen.

In den Einsteigeschachten zu den Seiteneingängen sowohl, wie **Steigeisen.** in den Mannlöchern sind Steigeisen anzubringen, die in der Wandung eingemauert werden und vermittelst deren das Einsteigen viel leichter von statten geht, als mit den früher üblichen Leitern, die nicht immer zur Hand waren oder doch von Ort zu Ort mitgetragen werden mußten und die außerdem im Schachte viel Raum einnahmen.

Mit Ausnahme von in Brüssel, Paris und noch einigen fran= **Einläße.** zösischen Städten ist die alte Art und Weise, in welcher das Straßen= **(Straßen=** wasser durch directe Einlässe in die Canäle geführt wurde und durch **einläufe.)** welche zu gleicher Zeit Sand und Kehricht hineingelangte, sogar häufig hineingefegt wurde, fast überall wo man neue Canalisirungen eingeführt hat, aufgegeben. Jetzt hat man „Sinkkästen" eingeführt, die nicht nur mit einem Wasserverschluß versehen sind und so das Ausströmen der lästigen Canalgase unmöglich machen, sondern auch einen Schlammkasten zum Auffangen und Ausscheiden des Straßenschlammes haben, wodurch das Eindringen von Sand und anderen festen Gegenständen in die Canäle verhindert wird. Ihre Construktion ist mannigfaltiger Art und jede hat ihre besonderen Vorzüge, wenigstens in den Augen ihrer Erfinder oder derjenigen Techniker, die sich an diese oder jene Art gewöhnt haben.

Diejenige Construktion, die sich nach der Erfahrung des etwas strengen Winters von 1870—71 als am meisten geeignet für das Klima Frankfurt's bewährt hat, mag auch für Heilbronn als passend gelten. Sie besteht in einem Behälter, in welchen der bewegliche aus Eisenblech gefertigte Schlammkasten gestellt wird und der an seiner einen Seite mit einem Syphon zum Einlassen des Wassers in die Canäle versehen ist. Der Wasserspiegel des Behälters sowohl, wie des Syphons muß aber in eine solche Tiefe zu liegen kommen, daß er gegen die Einwirkung des Frostes geschützt ist.

Die Entfernung des angesammelten Sandes und Schlammes geschieht von Zeit zu Zeit durch Ausleerung des Schlammkastens in einen besonders dazu construirten wasserdichten und gedeckten Wagen, der mit einer Vorrichtung versehen ist, vermittelst deren der Schlammkasten heraufgeholt, gestürzt und wieder an seinen Platz zurückbefördert wird. Der Behälter muß nothwendigerweise wasserdicht sein, und deßhalb ist die Wahl seines Materials von Wichtigkeit. Glasirter feuerfester Thon hat die erforderliche Dichtigkeit nicht und muß, wenn zu diesem Zweck verwendet mit Lettenschlag umhüllt werden; Steingut besitzt die nöthige Eigenschaft und ist gleichzeitig transportabler als jedes andere Material.

In Danzig hat man für diese Behälter Cement angewendet, der jedoch an Dichtigkeit und Transportfähigkeit dem Steingut nachsteht, wogegen derselbe hinsichtlich seiner Kosten für Heilbronn in Erwägung gezogen werden könnte. Behälter nach dem Frankfurter Muster sind aus diesem Material bisher nicht gefertigt worden und deßhalb die Preise auch nicht festgestellt. Im Kostenanschlage habe ich einstweilen Steingut mit dem üblichen eisernen Aufsatz vorgesehen.

Die Annahme desjenigen Systemes, das man bis zu einem gewissen Grad das „verschlossene" nennen könnte, weil nach demselben alle Canaleinlässe mit Wasserverschlüssen versehen sind, macht es nöthig, daß für eine zweckentsprechende Ventilation zur Entfernung der in den Canälen sich bildenden übelriechenden und schädlichen Gase, die ihren Weg sonst trotz der Verschlüsse in die Häuser finden könnten, zu sorgen Es werden deßhalb Ventilationsschachte, die von der Wölbung der

Ventilation.

Canäle bis auf die Oberfläche der Straße reichen, in einem Abstande von etwa 40 Meter und an sämmtlichen Vereinigungspunkten der Canäle anzubringen sein. Diese aus Röhren bestehenden Schachte erhalten an ihrem oberen Ende als Desinfectionsmittel einen mit Holzkohlen gefüllten Korb, durch den die Canaldünste vor ihrem Entweichen in die atmosphärische Luft hindurch gehen müssen. Den Abschluß nach der Straße hin bildet ein Rost, der jedoch so placirt werden muß, daß der durchfallende Straßenschmutz weder in den Canal gelangen, noch die Holzkohlen berühren kann. Letztere müssen trocken gehalten werden, damit sie ihr Desinfectionsvermögen nicht verlieren und sind von Zeit zu Zeit zu erneuern.

Es sind bereits mehrere auf diesem Princip beruhende patentirte Ventilationsapparate vorhanden, von denen der sinnreichste jener von Mr. Latham sein dürfte, der theilweise schon für Danzig in Anwendung gekommen und meines Wissens auch für Berlin in Aussicht genommen ist.

In Frankfurt und anderen Städten sind die ersteren oben beschriebenen Ventilationseinrichtungen zur Anwendung gekommen, und habe ich über dieselben keine Klagen gehört, auch sind mir Mängel derselben nicht bekannt. Ich halte mich daher einstweilen nicht für berechtigt, irgend eine der kostspieligeren Methoden für Heilbronn in Vorschlag zu bringen.

Die Ventilationsschachte an den Röhrensträngen entlang können durch Anwendung eines anderen Verschlußdeckels als sogenannte Lampenlöcher benutzt werden. Diese Lampenlöcher sind Rohrschachte, in welche eine Lampe herabgelassen werden kann, die dem Arbeiter, der am zunächst gelegenen Mannloch eingestiegen ist, zeigt, ob die zwischen beiden Punkten gelegene Strecke des Rohrs rein und in gehöriger Ordnung ist. Sieht er aber die Lampe nicht oder kann er sie nicht gewahren, wenn sie in einen zweiten 40 Meter weiter entfernten Schacht eingelassen wird, so ist hierdurch eine schadhafte oder verstopfte Stelle innerhalb einer Entfernung von 40 Meter constatirt, und es können alsdann sofort die nöthigen Maßregeln getroffen werden. *Lampenlöcher.*

Die Beherrschung der Röhrenstränge in dieser Art bedingt das Legen derselben in vollständig geraden Linien und mit gleichmäßigen Gefällen. Es läßt sich das recht wohl durchführen und wird höchstens die Anlage einiger Mannlöcher mehr, als man vielleicht sonst in Aussicht nehmen würde, erfordern. Die ganze Einrichtung wird nicht nur, wie gesagt, nach Vollendung des Werkes die vollständigste Beherrschung der Rohrcanäle gestatten, sondern auch die Möglichkeit einer leichten Controle über die Ausführung der Arbeiten bieten, indem schlecht ausgeführte oder schadhafte Stellen sofort erkannt werden können.

Ich trage daher kein Bedenken ein derartiges Legen der sämmt=
lichen Rohrcanäle Heilbronn's, mit Ausnahme der Anschlüsse an die
Hauptlinien, die Curven bilden werden, anzuempfehlen.

Hausentwässerung.

Einlaßstücke Der Anschluß der Hausleitungen an die Straßencanäle an den
und Ver= geeigneten Punkten muß schon während des Baues vorgesehen werden.
bindungs= Dieses geschieht bei den Backsteincanälen am besten durch Einmauern
röhre in von sogenannten Einlaßstücken, die aus Sandstein, Cement, Steingut
Canälen oder sonst einem geeigneten Material bestehen können, und bei den
vorzusehen. Röhrensträngen durch Verlegung besonders geformter Verbindungsrohre.
Die Lage dieser Einlaßstellen muß sorgfältig registrirt werden, damit
man sie erforderlichen Falles leicht finden kann. Die lichten Oeff=
nungen der Einlaßstücke und Verbindungsrohre, welche immer unter
einem horizontalen Winkel von 60 Grad mit dem Strom des Canals
einmünden, müssen denjenigen Größen entsprechen, die für die Ab=
leitungsrohre der zu entwässernden Häuser zweckmäßig erscheinen.
Bis das betreffende Haus angeschlossen werden soll, werden die
Oeffnungen mit tellerförmigen Steingutplatten, die nur von Außen
entfernt werden können, verschlossen.

Vorschriften Bevor man zur Ausführung der Hausentwässerung schreitet,
für Haus= wird es nöthig sein, die Bauart und die besonderen Einrichtungen der
ent= Häuser in Heilbronn sorgfältig in Erwägung zu ziehen, damit ent=
wässerung. sprechende Anleitungen und Vorschriften erlassen werden können, wo=
nach Hauseigenthümer, sowie Bauunternehmer, Maurermeister und
andere von der Sache näher betroffene Personen bei der Ausführung
Größe der sich zu richten haben würden. Im Allgemeinen wird hier nur bemerkt,
Haus= daß für ein gewöhnliches Haus ein Hauptrohr von 15 cm. Durchmesser
leitungen. genügen wird, während die Nebenstränge sich bis auf 10 cm. herab=
mindern; größere, etwa bis zu 23 cm., dürften außer bei Fabriken und
ähnlichen umfangreicheren Gebäulichkeiten wenig vorkommen.

Leitungen Leitungen unterhalb der Häuser, für die Steingut ein passendes
innerhalb Material bildet, sollten mit Portland=Cement gefugt und auf ihrer
der Häuser. ganzen Länge mit einer 10—15 cm. starken Letteschicht, umgeben werden.
Neuerdings gibt es einen Fugenkitt (Stanford's Patent) mit dem die
Steingutrohre im Voraus so bereitet werden, daß sie keiner weiteren
Verbindung bedürfen, als nur in einander geschoben zu werden. Diese
Fugen sollen nicht nur wasserdicht sein, sondern auch den nöthigen Grad
von Elasticität — der Mangel dessen den Nachtheil des Cementes bildet
— besitzen, um Röhrenbrüche oder undichte Verbindungen nach ge=
schehener Legung durch Bodensenkung oder Verschiebung zu verhindern;

er mag daher größere Sicherheit bieten für Röhren, die unter den Häusern liegen und wäre deſſen Verwendung für die Hausentwäſſerungen Heilbronn's in Erwägung zu ziehen. Die ſicherſte Hausleitung jedoch würden Eiſenrohre, mit Bleidichtung bilden, wie ſie urſprünglich für Frankfurt vorgeſchrieben waren, man iſt aber wegen der bedeutenden Mehrkoſten neuerdings von ihnen abgekommen oder wenigſtens iſt deren Verwendung nicht länger obligatoriſch.

Wo die innere Leitung durch Keller geht, die unter dem Inundations-Niveau liegen, würden ſich für Heilbronn Eiſenrohre empfehlen, während in allen Fällen, wo die Leitung außerhalb des Hauſes liegt, Steingutröhren mit Lettendichtung ausreichen. Hausleitungen ſollten mit dem höchſt erreichbaren Gefälle und die Legung ſo ausgeführt werden, daß, wo immer ſich dies bewerkſtelligen läßt, ein gleichmäßiger Fall vom Endpunkte des Rohres bis zum Einlaßſtück oder dem Verbindungsrohr erzielt wird; Abweichungen hiervon dürften ohne ſpecielle Erlaubniß der Behörde nicht gemacht und ein flacheres Gefälle als 1 : 60 nur da geſtattet werden, wo für beſondere Spülleinrichtungen geſorgt wäre. *(Randnotiz: Leitungen in Kellern unter Hochwaſſer-Niveau. Ausnützung des vorhandenen Gefälles.)*

Die Einlauföffnungen müſſen Waſſerverſchlüſſe haben und iſt es namentlich für Küchenſteine zweckmäßig, daß dieſe Waſſerverſchlüſſe aus trichterförmigen bleiernen Syphons beſtehen, die oben mit einem feſten Seiher und unten mit einer Putzſchraube zu Reinigungszwecken verſehen ſind. Wo die Küchen über einander liegen und ein gemeinſames Fallrohr haben, läßt ſich eine Ventilation dieſes Theils einer Hausentwäſſerung leicht und billig dadurch bewerkſtelligen, daß man das Fallrohr bis über das Dach hinaus verlängert; andernfalls genügt es, ein Rohr von geringerem Durchmeſſer zur Verlängerung zu benutzen. *(Randnotiz: Küchen-Waſſerverſchlüſſe und Ventilation.)*

Bäder würden ebenfalls mit Syphons oder ähnlichen wirkſamen Waſſerverſchlüſſen und Ventilationseinrichtungen zu verſehen ſein. *(Randnotiz: Bäder.)*

Für den Abſchluß von Waſchküchen und anderen zu entwäſſernden Räumen dürften paſſend kleine eiſerne Sinkkaſten zu empfehlen ſein; für die Entwäſſerung von Höfen wären Sinkkäſten mit tief gelegenem Waſſerſpiegel von ähnlicher Conſtruction aber kleineren Dimenſionen, wie ſie für die Straßenentwäſſerung vorgeſchlagen würden, zu verwenden. *(Randnotiz: Waſchküchen. Höfe.)*

Die Fallrohre der Waſſercloſets ſollen aus Eiſen beſtehen und einen Durchmeſſer von mindeſtens 12 und höchſtens 14 cm. haben; in allen Fällen müſſen dieſelben behufs Ventilation durch's Dach geführt werden und ſollten weder an ihrem unteren Ende noch in der Ableitung nach dem Straßencanal zu einen Waſſerverſchluß erhalten. Zwiſchen dem Fallrohr und jedem damit verbundenen Cloſet muß ein Syphon, für deſſen Material emaillirtes Eiſen zu empfehlen iſt, angebracht werden, welcher unabhängig von dem Klappenverſchluß des *(Randnotiz: Cloſet-fallrohre. Waſſercloſet-ſyphons.)*

Closets das Eindringen der Canaldünste in das Haus verhindert und gleichzeitig gegen das Hineingerathen ungeeigneter Gegenstände in das Fall- und Ableitungsrohr Schutz gewährt. Die direkte Einführung der **Regenrohre** Regenrohre in die Hauscanäle würde der Ventilation dieser, sowie der Straßencanäle sehr förderlich sein, doch muß man Acht geben, daß sie da nicht als Ventilationsröhren benutzt werden, wo ihr oberes Ende unter einem in der Nähe befindlichen Fenster ausmündet, sondern sind sie in solchen Fällen mit einem Wasserverschluß zu versehen. Sollte **Besondere** in Folge dessen die Ventilation mangelhaft werden, so muß zu diesem **Ventilation.** Zweck ein besonderes Rohr an geeigneter Stelle von den Hauscanälen auf's Dach geführt werden.

Hochwasser- Alle Keller, welche unter dem Hochwasser-Niveau des Neckars **verschlüsse.** liegen und die mit Abläufen an die Canalisation angeschlossen werden, müssen mit Schiebern oder Hochwasserverschlüssen versehen sein, durch deren Verschließen ein möglicher Rückstau verhindert werden kann. In solchen Fällen muß die Entwässerung von den höher gelegenen Räumen so eingerichtet werden, daß ihr freier Auslauf zu solchen Zeiten nicht behindert wird.

Successive Einführung und dringende Strecken.

„Wie das neue System successive eingeführt werden kann, und welche Zeit hierfür in Aussicht zu nehmen ist? Welche der bestehenden und welche der neuen Dohlen aus sanitären Gründen in erster Linie in Behandlung zu nehmen sind?"

Das System ist derartig eingerichtet, daß die dringendsten Linien innerhalb der Altstadt ausgeführt werden können, ohne der zukünftigen Ausdehnung des Systems als ein Ganzes in irgend einer Weise vorzugreifen oder eine Aenderung des Projects, wie es auf dem Plan gezeigt ist, zu bedingen.

Provisorischer Auslaß. Der Sturmauslaß für das obere System an der Schäuffelen'schen Fabrik kann z. B. als einstweiliger Auslaß für das gegenwärtig bebaute Areal der Stadt auf dem rechten Ufer benutzt werden; auf diese Weise könnte eine sofortige Entwässerung beschafft und den Behörden und Einwohnern der Stadt die Möglichkeit geboten werden, die sanitären Verhältnisse der letztern in der kürzest möglichen Zeit bedeutend zu verbessern, ohne daß man auf die Vollendung des Hauptauslaßcanals zu warten brauchte.

Nur darf man nicht vergessen, daß die provisorische Benutzung des Sturmauslasses im Vergleich mit dem definitiven Auslasse nur bis zu einem gewissen Grade Sicherheit gegen Ueberschwemmungsgefahr bietet und daß der letztere eventuell ausgeführt werden muß und unvermeidlich wird, sobald die Bauthätigkeit über die Linie des Sturm-auslaßcanals hinausgeht.

Dieselben Bemerkungen gelten für das linke Ufer, wo der beim Winterhafen vorgesehene Sturmauslaß als vorübergehender Auslaß solcher Linien, für deren Ausführung man sich zunächst entscheiden sollte, benutzt werden kann, ohne daß hierdurch einer künftigen Aus-dehnung irgend welche Schwierigkeiten bereitet würden.

Schließlich jedoch wird, weil durch den unteren Auslaß eine größere Sicherheit gegen Ueberschwemmungsgefahr geboten wird, und um eine Verunreinigung des Flusses in der unmittelbaren Nähe des Eingangs zum Winterhafen zu verhindern, sowie eine Verwerthung des Canalwassers beider Ufer zu ermöglichen, die Ausführung eines Dückers unter dem Neckar und die Weiterführung der projectirten Hauptaus-laßcanäle nicht zu umgehen sein. *Definitiver Auslaß.*

Da über die alten Dohlen bereits alles gesagt ist, so bleibt nur noch über diejenigen Entwässerungslinien zu berichten, die vom sani-tären Standpunkte als die dringlichsten erscheinen, und die deßhalb so rasch wie möglich ausgeführt werden müßten; dies werden offenbar diejenigen Canallinien sein, welche den Stadttheilen am raschesten Mittel zur Entwässerung bieten würden, die im Jahre 1873 am meisten unter der Cholera gelitten haben. Nach Ausweis des mir übergebenen Planes, auf dem die Häuser, in denen die Cholera gewüthet hat, bezeichnet sind, und den ich hier des besseren Vergleiches wegen in kleinerem Maßstabe wiedergebe, haben hier, wie in Speyer die Bewohner der unteren am dichtesten bevölkerten Stadttheile am meisten zu leiden ge-habt, während die oberen Theile mit Ausnahme weniger Fälle ver-schont blieben. Gleichzeitig verdient beachtet zu werden, daß auf dem linken Ufer, das auf gleichem niedrigem Niveau liegt, aber weit weniger dicht bevölkert ist, keine Fälle vorgekommen sind. *Wegen sanitärer Gründe dringliche Canallinien. 1873 von der Cholera inficirten Stadttheile.*

Von den 134 Häusern, in denen Cholerafälle vorkamen, liegen 111 zwischen Kleinerstraße, Sülmerweg und dem Flusse, und von diesen befinden sich 91 nördlich von der Kram= oder Marktstraße.

Ich habe deßhalb auf dem beigefügten Plan drei Hauptlinien und einige Seitenstränge bezeichnet, deren sofortige Inangriffnahme ich empfehlen würde; sie gehen gerade durch die im Jahre 1873 inficirten Straßen und würden, wie oben erwähnt, diesen und der Nachbarschaft sofort die Gelegenheit zur Beseitigung der vorherrschenden Mißstände verschaffen. *Zur Aus-führung vor-geschlagene Linien.*

Die Linie Nr. I. bildet den Hauptcanal für die untere Stadt und zieht sich, wie schon vorher beschrieben, durch die Lammgasse über den Marktplatz durch die Teutschhaus= und Allerheiligenstraße. Nr. II. geht durch die große Fischergasse, Brückenthorstraße, Gerbergasse und untere Neckarstraße. Diese beiden können direct aus dem Neckar durch ben Einlaß am Götzenthurm gespült werden. Nr. III. beginnt am Fleinerthor, sie würde vorläufig ihre Spülung vom Abwasser des Cäcilienbrunnens am Fleinerthor erhalten; sie wird durch die Fleiner= Sülmer= und Thurmstraße, an deren unterem Ende sie sich mit Linie Nr. I. vereinigt, geführt.

Zeitdauer der Aus= führung. Die Ausführung dieser Linien durch die engsten und ältesten Straßen der Stadt würde verhältnißmäßig mehr Zeit in Anspruch nehmen als andere Theile des Werkes, doch dürfte auch für sie in der Hand eines energischen Unternehmers ein Zeitraum von 12 Monaten ausreichen.

Für die vollständige Ausführung der ganzen Canalisation dürfte ein Zeitraum von 2½ bis 3 Jahren erforderlich sein.

Kosten der Canalisation.

Mein Auftrag, der anfangs auf die Anfertigung eines generellen Kostenanschlags lautete, wurde später dahin präcisirt, daß die Veran= schlagung sich auf die sämmtlichen Namen führenden Straßen und Plätze zu erstrecken habe. Ich habe es jedoch für zweckmäßig gehalten, den Ueberschlag soweit mir Ermittelungen zur Verfügung standen, noch weiter zu detailliren, indem derselbe hierdurch zuverläßiger wird, als wenn die ganze Längenstrecke jeder einzelnen Classe von Canälen nach einem allgemeinen durchschnittlichen Preise veranschlagt würde und wird es dem verehrlichen Gemeinderath so gleichzeitig ermöglicht, den An= schlagspreis für jede einzelne Straße einzusehen und sich jederzeit für irgend einen Distrikt, den er zur Ausführung vorschlagen will, die Kosten zusammenstellen zu können.

Auf dem angehefteten Plane sind die Straßen und Linien, welche in dem, gegenwärtigem Bericht beiliegenden Kostenanschlag enthalten sind, mit Farben bezeichnet und deutlich angegeben und ist aus dem Ueberschlag ersichtlich, daß sich die Kosten folgendermaßen vertheilen:

	Länge.	fl.	
Altstadt mit dem Sturmauslaß als provisorischen Hauptauslaß	9618	252947	08
Vorstädte am rechten Ufer	7136	222137	39
Bebauter Theil des linken Ufers . .	2813	105110	38
Meter	19567	fl. 580195	25
Einlaß= und Verbindungsstücke für Hauscanäle		12845	50
Straßeneinläufe und Rohrcanäle dazu	1960	47897	30
Gesammtlänge der Canäle Meter	21527		
Gesammtkosten		fl. 640938	45

— 49 —

Die durchschnittlichen Kosten pro Meter stellen sich wie folgt:

Altstabt . . . . fl. 26,30.
Vorstäbte . . . . „ 31,13.
Linkes Ufer . . . . „ 37,37.
Im Ganzen . . . . „ 29,77.

Hieraus ergibt sich, daß die Kosten für die Altstabt erheblich ge-ringer sind, als für irgend einen anderen Distrikt. Dies kommt zu-nächst daher, daß die ausgedehnteren Entwässerungsgebiete der oberen Districte abgetrennt sind, sowie von der geringeren Tiefe der Canäle; hauptsächlich aber von dem Umstande, daß hier in diesem Distrikte ein weit ausgedehnterer Gebrauch von Röhren für die Seitenstränge ge-macht ist, als anderswo; das Längenverhältniß der Röhren zu dem der Backsteincanäle beträgt hier 1 : 2 gegen 1 : 3½ in den übrigen Di-stricten. Daß in letzteren das Verhältniß der Röhrenstränge ein ge-ringeres ist, kommt daher, daß die in gegenwärtigem Anschlage einbe-griffenen Linien meistens die Hauptlinien für eine spätere Ausdehnung bilden.

Die Ausführung der definitiven Hauptauslaßcanäle bis unter-halb der Düngerfabrik ist unumgänglich mit bedeutenden Kosten ver-bunden, namentlich verhältnißmäßig der Auslaßcanal des linken Ufers mit seinem Dücker.

Die Hauptlinien des rechten Ufers würden nach meiner Veran-schlagung einen Kostenaufwand von 124,000 fl., die des linken Ufers einen solchen von 88,000 fl. erfordern. Diese letzteren Beträge sind im Kostenanschlage nicht näher detaillirt, weil derselbe, wie oben erwähnt, namentlich zu dem Zweck ausgearbeitet ist, dem verehrlichen Gemeinde-rath es zu ermöglichen, sich vorher über die Ausführungskosten ein-zelner Districte zu informiren.

Verwerthung des Canalinhalts.

„Ob und wie etwa die Dohlenflüssigkeiten bei den hiesigen Verhält-nissen weiter zu verwenden wären?"

Das flache Grasland des Neckarthals und der Umstand, daß die Stadt Heilbronn die Haupteigenthümerin der unterhalb der Stadt zum größeren Theil auf der für die Auslaßstelle des Canals gewählten rechten Uferseite gelegenen Wiesen ist, geben einen so entschiedenen Fingerzeig, daß ich, ohne hier auf eine nähere Beschreibung der anderen Arten der Verwendung des Canalinhaltes, wie sie zum Theil an ver-schiedenen Orten üblich sind, näher einzugehen, kein Bedenken trage zu erklären, daß ich die Verwerthung des Canalwassers Heilbronn's durch Berieselung obiger Wiesen für die geeignetste Art der Behand-lung desselben halte. Ich bin der Ansicht, daß selbst wenn die Frage der Aufnahme der Fäcalstoffe vermittelst Wasserclosets noch für eine Zeitlang eine offene und unentschiedene bleiben oder eine andere Art und Weise der Fortschaffung derselben vorgezogen werden sollte, Berieselungsanlagen sich dennoch, um einer Verunreinigung des Flusses gänzlich vorzubeugen für die Verwendung des Verbrauchswassers empfehlen werden. Bei Annahme des Wassercloset-Systems und nach Anschluß der gesammten Hausentwässerung würde für Heilbronn, seine Bevölkerung zu 20,000 angenommen, ein Terrain von 200 bis 250 Morgen zu Rieselanlagen erforderlich sein. Die Stadt besitzt 474 Mrg. die hauptsächlich auf der rechten Seite des Flusses liegen und von der Canalisation sehr leicht erreicht werden können, ohne daß es etwa nöthig wäre, Rohrstränge durch den Fluß zu legen.

Bei der Wahl der Hauptauslaßstelle und der allgemeinen Anlage des betreffenden Theiles des Hauptauslaßcanals habe ich eine künftige Berieselung im Auge behalten und auf dem Plan eine Stelle bezeichnet, an der passend eine Pumpstation errichtet werden könnte, um den Canalinhalt auffangen und ihn in geeigneter Weise über das 67 Morgen große oberhalb gelegene Inundationsgebiet, das sogen. Klein-Aeulein verbreiten zu können. Eine Hebung von 5 Meter würde genügen, um nicht nur diese 67 Morgen des Klein-Aeuleins, sondern auch das flußabwärts gelegene, weit ausgedehntere Terrain vollständig zu beherrschen. Da das Ganze aus Wiesenland besteht und der Inundation ausgesetzt ist, so würde es nöthig sein, es als solches unter der Berieselung zu erhalten, da bei dieser Culturart die Ueberschwemmungen den geringsten Schaden anrichten.

Das finanzielle Resultat mag in diesem Falle nicht so günstig ausfallen, als bei einer gemischten Culturart mit Frucht- und Gemüsebau; daß aber das Resultat unter den hier vorliegenden günstigen Verhältnissen immer ein vortheilhaftes sein wird, ist zweifellos, wenn Anlage und Betrieb irgendwie zweckentsprechend eingerichtet werden. In Carlisle, einer Stadt von 32,000 Einwohnern ist Grasland, welches auch Ueberschwemmungen ausgesetzt ist, seit 15 Jahren, wenn nicht mit glänzenden, so immer doch ergiebigen finanziellen Resultaten berieselt worden, ohne daß es bisher für nothwendig erachtet wurde, irgend einen Wechsel eintreten zu lassen.

Hätten sich jedoch die Behörden jener Stadt als Eigenthümer im Besitze des Landes befunden, wie es in Heilbronn der Fall ist und das Rieselwerk in eigene Regie genommen, statt das Canalwasser zur Berieselung von fremdem Land zu überlassen, so würde das Resultat sich ganz anders gestaltet haben, denn der Pächter gab nachher das so verbesserte Grasland nach Deckung aller seiner Unkosten mit einem jährlichen Nutzen von £ 2 „ 11 s. per Morgen in Pacht weiter.

Hierbei wurde bisher nur ein Theil des Canalwassers verwendet; nunmehr hat jedoch die dortige Behörde beschlossen, sich in den Besitz des umliegenden nöthigen Terrains zu setzen, um den ganzen Inhalt der Canäle zu Berieselungszwecken zu verwerthen und wird dann den Betrieb in eigener Hand behalten.

Bei Heilbronn ist es übrigens durchaus nicht nöthig, daß gleich anfangs der ganze Landcomplex von 200 bis 250 Morgen in die Berieselungsanlage hineingezogen wird. Auch in Danzig ist man successive vorgegangen; augenblicklich erstrecken sich dort die Rieselanlagen bei einer Bevölkerung von 90,000 auf einen Flächenraum von 267 württembergischen Morgen, während für das nächste Jahr weitere 138 Morgen zu Berieselungszwecken in Aussicht genommen sind.

Die Einführung irgend einer anderen Methode zur Verwerthung des Canalinhaltes bleibt übrigens trotzdem dem Belieben des Gemeinderaths anheimgestellt und würde in keiner Weise eine Veränderung in den projectirten Canalwerken bedingen. Nach Erwägung aller Verhältnisse jedoch hege ich die Hoffnung — selbst dem unvermeidlichen Nothschrei der Landwirthe über den Verlust und die Verschwendung der menschlichen Excremente gegenüber, die sie immer dann erst schätzen lernen, wenn Maßnahmen für die Wohlfahrt und die Gesundheit der Stadtbewohner ihnen den Verlust derselben in Aussicht stellen — daß der verehrliche Gemeinderath nicht nur im Interesse der Reinlichkeit und der Gesundheit der Stadtangehörigen das Wassercloset = System, sondern auch die Verwendung des Canalwassers zur Berieselung der Felder als für Heilbronn am geeignetsten finden wird.

So glaube ich, habe ich die einzelnen mir vorgelegten Fragen beantwortet und ich hoffe, daß die mir übertragene Aufgabe zur Zufriedenheit des verehrlichen Gemeinderaths gelöst worden ist.

Ich kann aber diesen Bericht nicht schließen, ohne vorher sowohl dem Herrn Oberbürgermeister Wüst für die Bereitwilligkeit, mit der er mir jederzeit Material, Rath und Beihülfe zur Verfügung gestellt, als auch den Mitgliedern der Canalisations=Commission, die mir so freundlich bei meiner Anwesenheit in Heilbronn entgegen gekommen sind und ein so hohes Interesse an der Sache kund gegeben haben, meinen besten Dank auszusprechen; gleichzeitig fühle ich mich tief verpflichtet, für die freundliche Art und Weise, mit der man der leider eingetretenen Verzögerung begegnet ist.

Ihr

ganz ergebener

J. Gordon.

Frankfurt a. M. Dez. 1874.